T0101069

Recuperemos el arte perdido de la
meditación
bíblica

Encuentre verdadera paz en Jesús

ROBERT J. MORGAN

La misión de Editorial Vida es ser la compañía líder en satisfacer las necesidades de las personas con recursos cuyo contenido glorifique al Señor Jesucristo y promueva principios bíblicos.

RECUPEREMOS EL ARTE PERDIDO DE LA MEDITACIÓN BÍBLICA
Edición en español publicada por
Editorial Vida – 2020
Nashville Tennessee
© **2020 Editorial Vida**

Este título también está disponible en formato electrónico.

Originally published in the U.S.A. under the title:
Reclaiming the Lost Art of Biblical Meditation
Copyright © 2017 por Robert J. Morgan
Publicado en Nashville, Tennessee, por Thomas Nelson. Thomas Nelson es una marca registrada de HarperCollins Christian Publishing, Inc.
Publicado en asociación con Yates & Yates, www.yates2.com
Todos los derechos reservados.
Prohibida su reproducción total o parcial.

Editora en Jefe: *Graciela Lelli*
Traducción: *Roberto Cabrera*
Edición: *Madeline Diaz*
Adaptación del Diseño al español: *Grupo Nivel Uno, Inc.*

ISBN: 978-1-40022-155-4
Ebook: 978-1-40022-142-4

CATEGORÍA: Religión / Vida cristiana / Crecimiento personal

IMPRESO EN ESTADOS UNIDOS DE AMÉRICA
PRINTED IN THE UNITED STATES OF AMERICA

20 21 22 23 24 25 LSC 9 8 7 6 5 4 3 2 1

Para Jordan

CONTENIDO

La meditación es un arte perdido hoy en día, y el pueblo cristiano sufre seriamente por su ignorancia de esta práctica.

La meditación es la actividad de traer a la mente, pensar, reflexionar y aplicar a uno mismo las muchas cosas que uno conoce acerca de las obras, los caminos, propósitos y promesas de Dios. Es una actividad de pensamiento santo, realizado conscientemente en la presencia de Dios, bajo la mirada de Dios, con la ayuda de Dios, como medio de comunicación con Dios.[1]

—J. I. PACKER en *El conocimiento del Dios santo*

INTRODUCCIÓN

En toda la noche no pego los ojos,
para meditar en tu promesa.

—Salmos 119:148

La meditación no es *nueva*, y no es de la *nueva era*. Dios, no los gurús, la concibió, y está basada en la Biblia, no en Buda. La meditación bíblica es un antídoto para el estrés sin precedentes en nuestra era. En un mundo donde todos están abrumados y son infravalorados, nuestra supervivencia, salud mental y santidad dependen de recuperar el arte perdido de la meditación bíblica. Este hábito puede disminuir dramáticamente su ansiedad en la vida, reducir su estrés, traer un nuevo éxito a sus días y dejarlo con profundidades oceánicas de paz interior.

Hay muchas referencias a la meditación, la reflexión y el pensamiento en la Biblia, animándonos a dedicar nuestros pensamientos a su Palabra. De hecho, las palabras *meditar* y *meditación* aparecen veintiuna veces en la Biblia; las palabras *pensar* y *pensamientos*, doscientas cincuenta y dos veces. *Mente* se menciona ciento sesenta y tres veces, y la palabra *reflexionar* se halla nueve veces.[1] El enfoque de Dios para una *conciencia plena* es tener una *mente llena* de su Palabra. Por eso la Biblia dice:

- «La palabra de Cristo more en abundancia en vosotros» (Colosenses 3:16, RVR 1960).
- «Haya, pues, en vosotros este sentir que hubo también en Cristo Jesús» (Filipenses 2:5, RVR 1960).
- «Sean gratos los dichos de mi boca y la meditación de mi corazón delante de ti» (Salmos 19:14, RVR 1960).

Si usted es un tanto alérgico a la meditación, bueno... supérelo. Aquellos que aman la Biblia no necesitan disculparse por defender la meditación, porque algunos de los más grandes héroes de la fe la modelaron para nosotros:

- En la época de los patriarcas, Isaac salió al atardecer a meditar en los campos (Génesis 24:63).
- El Señor le dijo a Josué acerca del libro de la ley de Dios: «Medita en él de día y de noche [...] Así prosperarás y tendrás éxito» (Josué 1:8).
- El salmista describe a aquellos que meditan día y noche como árboles fructíferos junto a las aguas (Salmos 1:2, 3).
- Jeremías dijo: «Al encontrarme con tus palabras, yo las devoraba, ellas eran mi gozo y la alegría de mi corazón» (Jeremías 15:16).
- La virgen María atesoró las palabras de Dios y reflexionó en ellas en su corazón (Lucas 2:19).

- Jesús les aconsejó a sus seguidores que fueran como los que «oyen la palabra, la aceptan y producen una cosecha» (Marcos 4:20).
- El apóstol Pablo nos dijo que pensáramos en las cosas que son verdaderas, nobles y amables, y que meditáramos en ellas (Filipenses 4:8).
- El escritor de Hebreos nos exhorta: «Consideren a Jesús» (Hebreos 3:1).

La meditación es un hábito recomendado en la Biblia, con todo, cada vez que traigo este asunto a colación, algunas personas me miran como si hubiese sugerido que atravesara con el semáforo en rojo una calle que tiene mucho tránsito. Hay un motivo para la confusión. La meditación moderna, como se considera comúnmente, no es la meditación bíblica. En años recientes, la Nueva Era secuestró este hábito, y yo estuve ahí cuando eso sucedió. Un día, en 1970, mientras atravesaba el patio de la escuela a la que asistí en Bristol, Tennessee, escuché unas noticias emocionantes. Maharishi Mahesh Yogi iba a venir —o tal vez enviaría a alguien— para enseñarnos Meditación Trascendental (MT). Cuando llegó el día, llenamos el lugar para escuchar al misterioso hombre de túnica, y él nos enseñó algunas técnicas rudimentarias de MT. Nos dijo que nos sentáramos apropiadamente, que respiráramos profundo y que vaciáramos nuestra mente. Aunque era interesante, el *swami* me perdió en algún punto entre el karma y el mantra, y no caí en el Zen.

Al siguiente año me cambié a otra escuela, Columbia International University, en donde conocí a un grupo de personas —los Navegantes— que también ensalzaron el valor de la meditación, pero la veían de manera diferente, como un hábito bíblico. Ellos creían que debemos memorizar, visualizar y personalizar la Palabra de Dios constantemente. Los Navegantes ilustran este punto usando la imagen de la mano humana: primero, entender la Palabra de Dios requiere los cuatro dedos de escucharla, leerla, estudiarla y memorizarla. Sin embargo, el dedo pulgar que refuerza el entendimiento es la meditación.

Una vez que entendemos la Biblia, nuestros pies entran en acción, poniendo en práctica lo que estamos aprendiendo.

La meditación bíblica es el hábito que nos permite detenernos lo suficiente para estar tranquilos y conocer que Dios es Dios. Nos lleva al crecimiento espiritual, a la fortaleza emocional, a una intimidad más profunda con el Señor, y a una paz que estabiliza nuestra alma.

Hay sanidad y poder santo al reflexionar, imaginarse y personalizar pasajes de la Palabra de Dios. Y esta es mi sencilla definición de la verdadera meditación:

> *La meditación bíblica es la poderosa práctica*
> *de reflexionar, personalizar y practicar las Escrituras.*

Realmente es tan simple como eso. Si bien hay valor en los ejercicios de respiración y las técnicas de relajación (consideraré ese tema más tarde), la meditación bíblica es más que considerar la sensación del aire pasando a través de nuestra nariz y hacia nuestros pulmones. No involucra vaciar nuestra cabeza de contenido, sino llenarla con versículos específicos de la Biblia y pasajes que Dios trae a nuestra mente en ciertos momentos. Eso es parte del ministerio del Espíritu Santo, cuyo trabajo consiste en recordarnos todo lo que Jesús nos dijo que hiciéramos (Juan 14:26).

La meditación bíblica no es solo *leer* las Escrituras o *estudiarlas*, o incluso pensar *acerca de* ellas; en vez de eso, es *pensar* las Escrituras: considerando, visualizando y personificando las preciosas verdades que Dios nos ha dado. Como el agua fluye a través de una fuente o el aceite a través de una máquina, las Escrituras deben circular constantemente a través de nuestra mente de modo que Dios nos prepare. En el proceso, comenzamos a ver las cosas como él las ve, lo cual es la esencia de la sabiduría: ver la vida desde su punto de vista. Nuestras actitudes se vuelven más saludables y nuestras emociones se alinean.[2]

La meditación bíblica es un hábito fácil de comenzar. Es tan portátil como su cerebro, está tan disponible como su imaginación y tan cercana como su Biblia, y los beneficios son inmediatos. He escrito este pequeño libro para proporcionarle algunos de los porqués y los cómo de la meditación, y para mostrarle

> Como el agua que fluye a través de una fuente o el aceite a través de una máquina, las Escrituras deben circular constantemente a través de nuestra mente.

de qué manera lo llevará más cerca del Señor y le dará perspectivas frescas en cuanto a su camino, su voluntad y su Palabra.

> *Ocúpate en estas cosas; permanece en ellas, para que tu aprovechamiento sea manifiesto a todos.*
>
> —1 TIMOTEO 4:15 (RVR1960)

I

¿POR QUÉ ES IMPORTANTE LA

MEDITACIÓN BÍBLICA?

Me acordaba de mis cánticos de noche;
Meditaba en mi corazón,
Y mi espíritu inquiría.

—Salmos 77:6 (RVR1960)

*H*arriet Tubman fue una espía que, incluso en momentos de peligro extremo, demostró nada más que un crudo y tranquilo valor. Nacida en la esclavitud en la década de 1820, Harriet casi murió cuando su amo le arrojó un objeto de metal. Ella organizó un temerario escape en 1849, luego pasó años rescatando a cientos de esclavos y llevándolos a un lugar seguro. Su nombre clave era Moisés, porque nunca perdió a ninguno de sus rescatados. Durante la Guerra Civil, se convirtió en agente secreto del ejército de la Unión, trabajando tras las líneas enemigas para explorar el territorio. A pesar de ofrecerse una recompensa por su cabeza, siempre logró evadir la captura.

Como devota seguidora de Cristo, Tubman pasó mucho tiempo aprendiendo, memorizando y meditando varios versículos de la Biblia, tales como su amado Isaías 16:3: «Reúne consejo, haz juicio; pon tu sombra en medio del día como la noche; esconde a los desterrados, no entregues a los que andan errantes». Mientras reflexionaba en los pasajes, los convertía en oraciones, y en oración aprendió a practicar la presencia de Dios. «Yo oraba todo el tiempo», le dijo a su biógrafo, «por mi trabajo, en todos lados; siempre estaba hablando con el Señor. Cuando iba al abrevadero a lavarme la cara y tomaba el agua en mis manos, decía: "Oh, Señor, lávame, hazme limpia". Cuando tomaba la toalla para secar mi rostro y mis manos, clamaba: "Oh, Señor, por el amor de Jesús, ¡limpia todos mis pecados!". Cuando tomaba la escoba y comenzaba a barrer, gemía: "Oh, Señor, cualquier pecado que haya en mi corazón, bárrelo, Señor, y déjame pura y limpia"».[1]

De esta forma, Harriet forjó una personalidad de acción y llena de audacia. Edificó una mentalidad que trascendió su entorno y transformó su vida. Y nosotros podemos hacer lo mismo. Al guardar habitualmente la Palabra de Dios en nuestro corazón, clamar esos versículos especiales que parecen tener nuestros nombres escritos, reflexionar en ellos e imaginarlos, y convertirlos en alabanza y oración incesante, practicaremos la presencia de Dios, y él nos transformará en agentes llenos de una valentía audaz para su gloria.

Consejo rápido: use notas adhesivas

para colocar versículos clave en

la cabecera de su cama, en el

espejo del baño, en el tablero de

su auto y en otros lugares en los

que tendrá oportunidades de

reflexionar en ellos.

Comencemos con lo básico. De acuerdo con Romanos 12:2, somos transformados por la renovación de nuestra mente a medida que Dios transforma nuestra manera de pensar. Este versículo es parte de una cadena de ideas en Romanos que provee una base bíblica para comprender el poder de la meditación. Tales versículos explican lo que está mal en nuestra mente, por qué luchamos con nuestros pensamientos, y cómo podemos traer salud y sanidad a nuestras ondas cerebrales y nuestro ser interior.

Sin Cristo, nuestra mente es un lugar oscuro

Imagine una universidad en la que la biblioteca esté abierta únicamente en las noches sin luna y en la que todas las luces estén prohibidas. Los estudiantes tienen acceso a todos los libros, escritorios y cubículos, pero deben realizar sus estudios en total oscuridad. Volúmenes caros llenan las salas de lectura, algunos de ellos son raros y valiosos. Los estudiantes son libres de moverse entre los libreros y remover cualquier recurso que quieran. Sin embargo, todo se hace en la oscuridad, sin lámparas, ni velas, ni linternas, ni luces de ninguna clase. Apagón total.

Esa es una imagen muy certera de un mundo que trata de aprender, trata de pensar y trata de meditar sin la luz de la vida de Cristo.

Refiriéndose a la humanidad caída, Pablo escribió:

Se extraviaron en sus inútiles razonamientos, y se les *oscureció su insensato corazón* [...] Cambiaron la verdad de Dios por la mentira [...] Además, como estimaron *que no valía la pena tomar en cuenta el conocimiento de Dios,* él a su vez los entregó a la *depravación mental* [...] son *insensatos.* (Romanos 1:21, 25, 28, 31, énfasis mío)

Sin Cristo, nuestros pensamientos son tan oscuros como la medianoche. Lejos de la gracia de Dios en Cristo, los seres humanos tienen una mente corrompida (Tito 1:15), depravada (2 Timoteo 3:8), angustiada (Deuteronomio 28:65), cerrada (Isaías 44:18), retorcida (Proverbios 12:8, NTV), están «envanecidos por su razonamiento humano» (Colosenses 2:18), y «nunca logran conocer la verdad» (2 Timoteo 3:7). Como Dios dijo en los días de Noé, sin Cristo, cada inclinación de los pensamientos del corazón humano es solamente el mal todo el tiempo (Génesis 6:5).

¿Cómo puede ser esto? El cerebro humano es la maravilla más grande de la creación de Dios, más complejo que la estrella más grande o el más pequeño átomo. No obstante, fue corrompido por las mentiras de Satanás. Como un motor finamente afinado, nuestro cerebro está diseñado para un único combustible: la verdad. La verdad que viene de Dios. La verdad que permea su creación. La verdad hallada en su carácter perfecto y su Palabra infalible.

Jesús enciende la luz

La única forma de cambiar su vida es cambiando su mente, y eso requiere cambiar el señorío y el liderazgo de su corazón.

> La única forma de cambiar su vida es cambiando su mente, y eso requiere cambiar el señorío y el liderazgo de su corazón.

Cuando Cristo se convierte en su Señor y Salvador, enciende la luz dentro de usted. Esto es debido a que Jesús es la luz del mundo. Romanos 3:22-25 dice:

> Esta justicia de Dios llega, mediante la fe en Jesucristo, a todos los que creen [...] pues todos han pecado y están privados de la gloria de Dios, pero por su gracia son justificados gratuitamente mediante la redención que Cristo Jesús

efectuó. Dios lo ofreció como un sacrificio de expiación que se recibe por la fe en su sangre.

Romanos 5:1-2 lo resume de esta manera:

> En consecuencia, ya que hemos sido justificados mediante la fe, tenemos paz con Dios por medio de nuestro Señor Jesucristo. También por medio de él, y mediante la fe, tenemos acceso a esta gracia en la cual nos mantenemos firmes. Así que nos regocijamos en la esperanza de alcanzar la gloria de Dios.

Cuando llegamos a Jesús, él hace brillar su sabiduría en nuestros corazones e inspira nuestros pensamientos. Él nos ayuda a enfocarnos en Dios y a adquirir perspectiva. Como dice Romanos 6:17: «Pero gracias a Dios que, aunque antes eran esclavos del pecado, ya se han sometido de corazón a *la enseñanza* que les fue transmitida» (énfasis mío).

Aún luchamos con las sombras

Con todo, incluso después de recibir a Cristo como nuestro Salvador, aún luchamos con nuestros pensamientos. Las sombras oscuras danzan sobre las paredes de nuestra mente. Estamos en conflicto. Pablo mismo admitió en Romanos 7:23 en cuanto a su naturaleza pecaminosa: «En los miembros de mi cuerpo hay otra ley, que es la ley del pecado. Esta ley lucha *contra la ley de mi mente*, y me tiene cautivo» (énfasis mío).

Podemos relacionarnos fácilmente con la confesión de Pablo, porque este es el testimonio universal de cada creyente. Podemos ser seguidores de Jesús por muchos años, pero aún luchamos con pensamientos ansiosos, codiciosos, lujuriosos, airados, resentidos, temerosos o deprimidos.

El proceso del crecimiento espiritual incluye incrementar los vatios de la luz que brilla en nuestro corazón y nuestra mente, y esa luz viene únicamente del Señor:

Porque Dios, que ordenó que la luz resplandeciera en las tinieblas, hizo brillar su luz en nuestro corazón para que conociéramos la gloria de Dios que resplandece en el rostro de Cristo. (2 Corintios 4:6)

Que el Espíritu Santo gobierne nuestra mente

Para ayudar con este incremento de vatios, tenemos al Maestro Electricista: el Espíritu Santo. Él comprende el cableado de nuestra mente. Sabe cuándo las líneas están sobrecargadas y cuándo estamos cerca de quemar un fusible... ¡o ya lo hemos hecho! Comprende cuándo nuestra energía se agota, nuestras emociones entran en corto o las bombillas simplemente se queman. Él es capaz de cambiar la corriente de negativa a positiva.

Todo esto está descrito en Romanos 8, uno de los capítulos más poderosos de la Biblia. Aquí aprendemos cómo el Espíritu Santo toma la redención de Cristo y la usa para cablear nuevamente nuestro corazón con la verdad bíblica. El Espíritu nos fundamenta en la Palabra. Él es el gran Transformador.

Romanos 8:5-6 señala:

Los que viven conforme a la naturaleza pecaminosa *fijan la mente* en los deseos de tal naturaleza; en cambio, los que viven conforme al Espíritu *fijan la mente* en los deseos del Espíritu. La *mentalidad pecaminosa* es muerte, mientras que la *mentalidad que proviene del Espíritu* es vida y paz. (énfasis mío)

Jesús de Nazaret murió y se levantó nuevamente para iluminar nuestra mente con su luz; y a medida que el Espíritu gobierna nuestra manera de pensar, experimentamos tanto vida como luz. Esto es la resurrección del pensamiento. Es el pensamiento bíblico, y allí es donde entra en escena la meditación.

Somos transformados a diario mientras Dios renueva nuestra mente

¿Quiere tener más resistencia ante la tentación, más sabiduría en la toma de decisiones y mayor influencia entre sus amigos? Cada una de esas habilidades está arraigada en sus patrones mentales y en la meditación.

Debemos recordar que cablear nuevamente nuestra mente es una operación espiritual en desarrollo. Aunque somos redimidos en el Calvario, el proceso de reparar la mente no es un suceso de una sola ocasión. Es un proceso, el cual se explica en Romanos 12:

Por lo tanto, hermanos, tomando en cuenta la misericordia de Dios, les ruego que cada uno de ustedes, en adoración espiritual, ofrezca su cuerpo como sacrificio vivo [...] No se amolden al mundo actual, sino sean transformados mediante *la renovación de su mente*. Así podrán comprobar cuál es la voluntad de Dios, buena, agradable y perfecta. (vv. 1-2, énfasis mío)

Para consumar el buen plan de Dios y cumplir su voluntad debemos dejar de pensar de la forma en que el mundo piensa y comenzar a pensar como él lo hace.

¿Cómo? Con la meditación bíblica. Esta es nuestra herramienta más grande y nuestra técnica más efectiva.

Mientras reflexionamos, imaginamos y personalizamos la Palabra de Dios, comenzamos a ver la vida a través de sus lentes, a ver el mundo desde su perspectiva. Nuestros pensamientos se vuelven más felices, santos y brillantes, y así también nosotros.

Practicamos la meditación bíblica al señalar, citar y dedicarnos a cualquier pasaje de las Escrituras que estemos leyendo o estudiando, basándonos en la premisa de que la Palabra de Dios es perfecta, sin tacha y confiable. La meditación ayuda y sana a la mente mientras apuntala el alma. Disminuye la ansiedad, reduce el estrés y genera paz.

Es primavera mientras escribo esto, y anoche mi esposa, Katrina, y yo cenamos en nuestro porche trasero. Los pájaros estaban revoloteando alrededor de los comederos, y los geranios florecían en las macetas. Hablamos acerca de la meditación, y Katrina recordó que Isaac fue la primera persona en la Biblia que específicamente dijo haber meditado. Génesis 24:63 señala: «Una tarde, salió [Isaac] a dar un paseo por el campo».

«Me pregunto en qué meditaba», dijo Katrina. La Biblia no había sido aún escrita, así que no tenía una Escritura tangible. Sin embargo, estaba rodeado de la belleza de la creación de Dios, tenía una herencia piadosa, y sus experiencias espirituales en la vida habían sido ricas. Era el hijo milagroso de Abraham y Sara, nacido como

Consejo rápido: incluya la meditación bíblica en sus planes de vacaciones. Piense con anticipación en un pasaje en el que quiera reflexionar mientras camina por la playa, está sentado en un balcón o descansando en la hamaca.

cumplimiento de las promesas divinas. Siendo joven, había experimentado el sacrificio en el monte Moria, y había escuchado la voz de un ángel. Conocía la promesa de Dios para sus descendientes, aunque aún no tenía esposa y estaba llorando la muerte de su madre.

«Supongo que simplemente analizaba su vida», continuó Katrina, «serenaba su corazón, pensaba en Dios, escuchaba a los pájaros y los riachuelos, oraba un rato, y se preguntaba por fe qué iba a hacer Dios con él».

De modo interesante, la meditación de Isaac fue interrumpida por la llegada de una caravana que regresaba de Mesopotamia y llevaba a la mujer que pronto se convertiría en su esposa.

Mientras meditamos, Dios guía y transforma nuestros pensamientos, nos ayuda a procesar nuestros dolores y tristezas, nos capacita para absorber la maravilla de su grandeza, y nos prepara para lo que él ha planeado para nuestra vida. Eso fue lo que hizo con los héroes de las Escrituras, y eso es lo que hará con nosotros.

Mientras terminamos este capítulo, ¿por qué no convierte este viejo himno en una oración personal?

> *Pueda la mente de Cristo, mi Salvador,*
> *de día en día vivir en mí,*
> *su amor y poder controlen*
> *todo lo que haga y diga aquí.*[2]

Para descargar gratis una guía de estudio grupal de este libro, así como guías de meditación personal en audio, visite www.robertjmorgan.com/meditation (Todas son en inglés).

❦ 2 ❦

MEDITACIÓN BÍBLICA:

Enfóquese en las maravillas de Dios

y obtenga perspectiva

Traigo a la memoria los tiempos de antaño:
medito en todas tus proezas,
considero las obras de tus manos.

—SALMOS 143:5

En su libro *Lessons I Learned in the Dark* [Lecciones que aprendí en la oscuridad], Jennifer Rothschild describe su temor a volar después de los catastróficos acontecimientos del 11 de septiembre de 2001. Las amenazas a las líneas aéreas eran una realidad cotidiana, dijo ella, no obstante, ese otoño tenía programado volar cada fin de semana. Estaba temerosa, y la atmósfera en los aeropuertos y aviones era tensa. «Recuerdo ponerme de rodillas delante de Dios y decirle que tenía miedo», escribió. «Inmediatamente, este versículo vino a mi mente: "Cuando siento miedo, pongo en ti mi confianza" (Salmos 56:3)».

Jennifer comenzó a clamar y a considerar ese versículo: «Dios sabe que a veces el temor y la confianza comparten el mismo latido del corazón», señaló. «Mientras meditaba en el versículo, repentinamente me di cuenta de que *tengo miedo* describe una condición y *confiaré* describe una intención. El versículo es definitivo: mi intención puede cambiar mi condición».[1]

Al meditar en Salmos 56:3, Jennifer halló el valor y la paz que necesitaba para cada viaje. Descubrió el secreto de reemplazar los pensamientos inferiores de temor por los pensamientos más altos de la fe. Aquí, entonces, está otra definición de la meditación bíblica: es el acto de recuperar y considerar pasajes específicos que Dios nos da durante los acontecimientos de la vida. En la meditación, los pensamientos de Dios elevan nuestro corazón a un nivel celestial. Esta es la forma en que cambiamos nuestro enfoque de los pensamientos inferiores acerca de nuestros problemas a las alturas de la perspectiva de Dios.

Tres pasajes de la Biblia hablan de intercambiar nuestros pensamientos «inferiores» por los pensamientos «más altos» de Dios: Isaías 55, Colosenses 3 y Santiago 3.

Consejo rápido: aprenda a meditar con papel y lápiz. Imprima un pasaje y marque la página, subraye, diseccione, escuche y analice. Recuerde que la meditación no es una actividad pasiva. Es una forma de enfocar su atención en un pasaje en particular.

Los pensamientos de Dios no son nuestros pensamientos

En Isaías 55:8 el Señor nos dice: «Mis pensamientos no son los de ustedes, ni sus caminos son los míos».

En otras palabras, Dios no piensa como nosotros. Él ve las cosas desde un ángulo eterno. El Creador del cerebro humano goza de una mente infinita que capta inmediatamente cada detalle de todo en toda forma, en todo lugar, desde cualquier lado, a cada momento: sea pasado, presente o futuro. Dios no puede aprender nada nuevo, y nunca puede malinterpretar algo. Nada en el cielo se escapa de su vista, y nada en la tierra está más allá de su conocimiento. Su mente nunca se abruma por el misterio más grande, y nunca pasa por alto la más pequeña molécula.

> Nada en el cielo se escapa de su vista, y nada en la tierra está más allá de su conocimiento.

Dios conoce la temperatura de cada estrella, la composición de cada planeta, el tamaño de cada galaxia y el curso de cada cometa. Conoce la forma de cada copo de nieve y el diseño de cada concha marina. Comprende los misterios de las profundidades y las alturas. Conoce lo que hay más allá de las galaxias y más allá de la tumba. Su sabiduría es tan alta como los cielos, tan profunda como los océanos, tan ancha como el cosmos y tan larga como la eternidad. Y sus pensamientos no son nuestros pensamientos.

Dios tiene acceso instantáneo a cada hecho de la realidad y a cada factor de cada decisión. Su inteligencia es infinita, su brillantez no tiene límites, su percepción es confiable y verdadera. Él no entra en pánico ni se confunde con los problemas de su creación, porque sus pensamientos no son nuestros pensamientos.

Sus planes son a prueba de tontos. Sus reflexiones son revitalizantes. Su intuición es infalible. El Señor nunca lo olvidará ni lo abandonará. En su omnisciencia, eso es simplemente imposible. Él conoce todo acerca de usted: cada antepasado en su árbol familiar, cada cadena en su ADN, cada peculiaridad de su personalidad, cada chichón y moretón de su infancia, y cada prueba, tragedia, herida y dolor que haya enfrentado o enfrentará. Él numera tanto sus pasos como los cabellos de su cabeza. Él ve todo rechazo y falla. Se regocija en cada victoria y registra todas sus obras fieles.

De acuerdo con Salmos 139, nuestro Dios nos examina y conoce. Ve cuando nos sentamos y cuando nos levantamos; percibe nuestros pensamientos desde la distancia. Discierne nuestro trajinar y nuestro reposo, y está familiarizado con todos nuestros caminos. ¡Cuán preciosos son todos sus pensamientos! (Salmos 139:1-3, 17).

Los pensamientos de Dios son más altos que los nuestros, pero él nos ha enviado sus pensamientos en gotas de tinta que caen del cielo como lluvia en una sequía. Isaías 55 continúa:

> «Así como la lluvia y la nieve descienden del cielo, y no vuelven allá sin regar antes la tierra y hacerla fecundar y germinar para que dé semilla al

que siembra y pan al que come, así es también la palabra que sale de mi boca: No volverá a mí vacía, sino que hará lo que yo deseo y cumplirá con mis propósitos». (vv. 10-11)

Dios nos ha enviado sus pensamientos en un libro infalible, comprensible e increíble. Y al meditar en sus pensamientos como están codificados en la Biblia, nuestra vida será regada con su Palabra. Sus pensamientos se filtrarán como agua de lluvia que empapa un jardín; ellos están diseñados para nutrir y producir una cosecha de bendiciones celestiales. El versículo 12 dice: «Ustedes saldrán con alegría y serán guiados en paz. A su paso, las montañas y las colinas prorrumpirán en gritos de júbilo y aplaudirán todos los árboles del bosque».

¡Sin embargo, eso no es todo! Mientras meditamos en sus pensamientos, los lugares estériles de nuestra vida comienzan a florecer. El versículo 13 continúa: «En vez de zarzas, crecerán cipreses; mirtos, en lugar de ortigas. Esto le dará renombre al Señor; será una señal que durará para siempre».

Aunque nunca comprenderemos totalmente los pensamientos de Dios, la meditación nos permite progresar al alinear nuestros pensamientos de manera más precisa con los suyos. El Señor es paciente, porque conoce el resultado. Es alegre, porque tiene un plan. Es todopoderoso, así que no tiene temor. Y mientras lo contemplamos a través de su Palabra, crecemos en nuestra propia paciencia, alegría y valor.

Consejo rápido: la mejor meditación no solo tiene lugar con versículos misceláneos aleatorios. Viene de un estudio sistemático de la Palabra de Dios. Usted debería intentar mi hábito de leer hoy desde donde me quedé ayer. Justo ahora estoy leyendo Éxodo, reflexionando en el libro un versículo y un capítulo a la vez, día tras día. La meditación puede ser espontánea, pero también puede ser metódica. Mientras meditamos en sus pensamientos, los lugares estériles de nuestra vida florecen.

La meditación es el proceso por medio del cual nuestros pensamientos llegan a reflejar los pensamientos de Dios, permitiéndonos ver las cosas en sus términos, desde su perspectiva y con su sabiduría.

Pongamos nuestra mente en lo alto

Solomon Ginsburg fue un hombre que conoció el poder de entregarse a sí mismo a la meditación de las Escrituras. Él era un judío mesiánico que vivió hace cientos de años y viajó por el mundo predicando el evangelio. En 1911, decidió dirigirse a Estados Unidos. Su ruta lo llevó a Lisboa, donde planeaba cruzar el golfo de Vizcaya hacia Londres, y desde ahí viajar a los Estados Unidos.

> La meditación es el proceso por medio del cual nuestros pensamientos llegan a imitar los de Dios.

Como Jennifer Rothschild, Ginsburg se mostraba aprensivo con respecto a sus viajes. Al llegar a Lisboa, halló los tableros de anuncios llenos de telegramas acerca del clima que advertían de terribles tormentas que arrasaban el golfo de Vizcaya. Era peligroso navegar, y se le aconsejó que retrasara su viaje una semana. Su boleto le permitía hacer eso, y oró al respecto, al tiempo que reflexionaba en un versículo que había leído ese día, Deuteronomio 2:7: «Bien saben que el SEÑOR su Dios los ha bendecido en todo lo que han emprendido, y los ha cuidado por todo este inmenso desierto».

El Señor parecía asegurarle a Ginsburg que sus viajes por todo el mundo estaban bajo la protección divina. Ginsburg abordó un barco de inmediato, cruzó sin incidentes y logró abordar el *Majestic* en Londres. Su viaje trasatlántico fue suave y relajado. Solo después de llegar a los Estados Unidos, Solomon se enteró de que de haber retrasado su viaje en Lisboa, hubiera llegado a Londres justo a tiempo para abordar el *Titanic*.[2]

De alguna forma —y no sé cómo esto es— el Señor susurra palabras de sabiduría y guía a nuestros oídos mientras meditamos en las Escrituras. Él nos guarda de los naufragios de la vida mientras permitimos que su Palabra more en nosotros abundantemente. Nos capacita para poner nuestra mente en las cosas de arriba, no en las terrenales.

Quizá el apóstol Pablo meditó en Isaías 55 antes de escribir estas palabras de Colosenses 3:

Ya que han resucitado con Cristo, *busquen las cosas de arriba*, donde está Cristo sentado a la derecha de Dios. *Concentren su atención en las cosas de arriba*, no en las de la tierra, pues ustedes han muerto y su vida está escondida con Cristo en Dios. (vv. I-3, énfasis mío)

¿Cómo buscamos y concentramos nuestra atención en las cosas de arriba? El versículo I6 nos da la respuesta: «Que habite en ustedes la palabra de Cristo con toda su riqueza».

En su sermón acerca de Colosenses 3:16, Spurgeon explicó:

Con la finalidad de que [la Palabra de Cristo] pueda morar en usted, primero debe entrar en usted. Debe conocer realmente el significado espiritual de la Palabra. Debe creerla, vivir por ella, beber de ella; usted debe permitirle saturar su ser íntimo como el rocío empapó el vellón de Gedeón. No es suficiente con tener la Biblia en la repisa, es infinitamente mejor tener sus Verdades almacenadas dentro de su alma. [...] No hay otro libro tan a la medida o tan apropiado para nosotros como la Biblia. No hay otro libro que nos conozca tan bien. No hay otro libro que esté tan a gusto con nosotros. ¡No hay un libro que tenga tanto poder sobre nosotros si nos rendimos a él![3]

Obtenga sabiduría de lo alto

Otro pasaje de las Escrituras usa un lenguaje similar al de Isaías 55 y Colosenses 3. Es Santiago 3:14-17, que dice:

Pero, si ustedes tienen envidias amargas y rivalidades en el corazón, dejen de presumir y de faltar a la verdad. Esa no es la sabiduría que desciende del cielo, sino que es terrenal, puramente humana y diabólica. Porque donde hay envidias y rivalidades, también hay confusión y toda clase de acciones malvadas.

En cambio, la sabiduría que desciende del cielo es ante todo pura, y además pacífica, bondadosa, dócil, llena de compasión y de buenos frutos, imparcial y sincera.

Hay sabiduría de lo bajo y hay sabiduría de lo alto, una perspectiva terrenal y una perspectiva celestial, nuestros pensamientos y los de Dios. Sin la luz de las Escrituras, nuestro mundo y sus pensadores viven en tierras bajas, en los calabozos mentales y los sótanos de la realidad. Nuestra sociedad opera en los niveles más bajos, tal como en los días de Noé, cuando el Señor vio «que la maldad del ser humano en la tierra era muy grande, y que todos sus pensamientos tendían siempre hacia el mal» (Génesis 6:5).

Santiago describe este tipo de pensamiento como sabiduría *de lo bajo*. Sin embargo, la sabiduría de lo alto es lo opuesto: pura, pacífica, considerada, sumisa, llena de misericordia, fructífera, sin prejuicios y sincera.

¿Pero cómo nos desplazamos de nuestros bajos pensamientos hacia los altos pensamientos de Dios? De acuerdo con un pasaje anterior de Santiago, lo logramos al tener la Palabra de Dios plantada en nosotros, estudiándola atentamente y sin olvidar lo que dice, sino haciéndolo. Santiago 1:21-25 señala:

> Despójense de toda inmundicia y de la maldad que tanto abunda, para que puedan recibir con humildad la palabra sembrada en ustedes, la cual tiene poder para salvarles la vida. No se contenten solo con escuchar la palabra [...] Llévenla a la práctica [...] quien se *fija atentamente* en la ley perfecta que da libertad, y *persevera* en ella [...] recibirá bendición al practicarla. (énfasis mío)

Consejo rápido: si está meditando en un versículo, intente compartirlo con alguien durante el día. Si quiere ser un poco radical al respecto, vea qué sucede cuando se decida a compartir su versículo con la primera persona que se encuentre durante el transcurso del día. Puede hallar que su meditación se convierte en un testimonio de Cristo.

La palabra griega para «fijarse atentamente» se usa al hablar de Pedro en Lucas 24:12 cuando él miraba perplejo hacia adentro de la tumba vacía de Cristo. A medida que miramos las Escrituras y reflexionamos en lo que dicen, no olvidándolo sino poniéndolo en práctica, pensaremos progresivamente como Dios lo hace. Seremos elevados de la forma de pensar negativa del mundo que nos rodea, y comenzaremos a comprender las cosas desde una perspectiva más alta.

«La gente tonta medita en cosas tontas», dijo Susannah Henderson, una maestra de la Biblia de antaño. «La gente sabia medita en cosas sabias».[4]

A través de la meditación, vemos nuestras circunstancias de forma diferente. Vemos nuestro mundo desde otro ángulo. Y debido a que sus pensamientos se convierten en nuestros pensamientos a medida que desarrollamos la mente de Cristo, somos entonces capaces de relajarnos, confiar, aquietarnos y descubrir paz y confianza.

Esto ocurre de las formas más sencillas en los tiempos más ordinarios. Estoy escribiendo estas palabras en California, donde he tenido un fin de semana con ciertos compromisos para hablar. Con el cambio de horario y las alteraciones de mi agenda, no he dormido bien, despertándome a altas horas de la noche y afligido por todas esas vagas preocupaciones que carcomen los rincones de nuestra mente en la oscuridad. Entre otras cosas, resulta que recordé que en California tienen lugar terremotos. Me encontraba en el sexto piso de un hotel grande, y me pregunté si mi ropa estaba cerca y si podría recordar la ruta de escape. Un miedo tonto se enroscó alrededor de mi mente.

Me he condicionado a mí mismo para meditar en tales momentos. Medio dormido y medio despierto, comencé a recitar Salmos 46: «Dios es nuestro amparo y fortaleza, nuestro pronto auxilio en las tribulaciones. Por tanto, no temeremos, aunque la tierra sea removida, y se traspasen los montes al corazón del mar» (vv. 1-2, RVR 1960). Las palabras llegaron casi de modo subconsciente, pero calmaron mi mente y me permitieron relajarme, así que pude dormir otra vez.

Necesitamos los pensamientos de Dios: la perspectiva de la eternidad, la sabiduría de lo alto y la mente de Cristo. Mientras meditamos en las Escrituras deliberada y diariamente, nuestra sabiduría se enriquece y podemos decir junto con el profeta Habacuc: «El Señor omnipotente es mi fuerza; da a mis pies la ligereza de una gacela y me hace caminar por las alturas» (3:19).

Con la meditación usted puede enfocarse en las maravillas de Dios, obtener una perspectiva superior y acceder a la sabiduría de lo alto. Estas cosas, entonces, se convierten no solamente en su escudo en un mundo envuelto en una guerra espiritual; también se convierten en sus armas. Porque...

Las armas con que luchamos no son del mundo, sino que tienen el poder divino para derribar fortalezas. Destruimos argumentos y toda altivez que se levanta contra el conocimiento de Dios, y llevamos cautivo todo pensamiento para que se someta a Cristo.

—2 Corintios 10:4-5

Para descargar gratis una guía de estudio grupal de este libro, así como guías de meditación personal en audio, visite www.robertjmorgan.com/meditation.

$\backslash$ 3 $\backslash$

MEDITACIÓN BÍBLICA:

Véase a sí mismo como el Señor lo ve

Sé diligente en estos asuntos; entrégate de lleno a ellos,
de modo que todos puedan ver que estás progresando.

—1 Timoteo 4:15

Los Institutos Nacionales de Salud reportan que dieciocho millones de personas en los Estados Unidos han practicado la meditación,[1] lo cual es el ocho por ciento de la población. La mayoría lo hace porque, como miles de estudios han mostrado, la meditación nos edifica y calma. Otros estudios indican que la meditación hace que nuestra mente sea más fuerte y rápida, tal como el ejercicio lo hace para el cuerpo.

Nada de esto es precisamente nuevo. Tiempo atrás, el rey Salomón dijo: «tal es él» (Proverbios 23:7, RVR 1960).

Consejo rápido: lleve a cabo una caminata bíblica. Anote un versículo o pasaje de las Escrituras, vaya a caminar para hacer ejercicio, y piense en lo que el versículo dice, lo que significa, y lo que significa para usted. Piense en cómo enseñaría o predicaría acerca de este versículo a otros si tuviera la oportunidad.

No causa sorpresa que el pensamiento positivo y la meditación produzcan algunos beneficios. Por consiguiente, debería ser menos sorprendente notar los beneficios que tiene la meditación bíblica para aquellos que permiten que la Palabra de Dios more en ellos en abundancia. Imagine nuestra mente llena de los pensamientos de Dios: enriquecida con su sabiduría, entrenada por medio de su consejo, nutrida con sus mandamientos, empapada en su verdad, confiada en sus promesas. La meditación bíblica nos edifica y nos permite vernos a nosotros mismos y a nuestra vida como el Señor la ve. Examinemos estas verdades a través de las lentes de dos pasajes insondables al respecto: Isaías 26:3-4 y 2 Pedro 1:3-4.

Nútrase... al pensar en la persona de Dios

En el año 2003, mis amigos Bert y Dianne Tippett viajaron a Carolina del Norte para estar presentes durante la dolorosa prueba de médula ósea de su hijo Brian. Esa noche en la cama, Bert y Dianne palpitaban de dolor interno, terriblemente preocupados por el cáncer de Brian. Bert estaba enojado, y Dianne lloraba. Sin embargo, cuando comenzaron a orar juntos, una paz incontenible entró a la habitación y se asentó sobre ellos, y ambos se quedaron dormidos. La tensión del miedo y la ansiedad se rompió.

Cinco años después, Bert fue diagnosticado con cáncer, pero la paz de Dios nunca lo abandonó. Cuando la gente le preguntaba cómo se encontraba, él decía: «Estoy disfrutando de perfecta paz», un secreto que aprendió al meditar en Isaías 26:3-4:

> Tú guardarás en completa paz a aquel cuyo pensamiento en ti persevera; porque en ti ha confiado. Confiad en Jehová perpetuamente, porque en Jehová el Señor está la fortaleza de los siglos. (RVR 1960)

Observe las frases al inicio y al final del pasaje: «completa paz» y «fortaleza de los siglos». Esa es la condición de la persona cuya mente permanece en el Señor y cuyo corazón confía en él para siempre. La frase «completa paz» en realidad es «shalom, shalom». Los hebreos no tenían un término superlativo para la paz, de modo que simplemente tomaron su genial palabra «shalom» y la duplicaron.

El mensaje para nosotros es que el Señor quiere duplicar nuestra paz y nuestra calma. Quiere impartirnos fortaleza para nuestros días.

> El Señor quiere duplicar nuestra paz y nuestra calma. Quiere impartirnos fortaleza para nuestros días.

La paz celestial llega a través de la meditación y la confianza. Nuestra mente debe «perseverar» en él y confiar en Jehová —Yavé, el Señor— para siempre. ¿Qué significa que nuestra mente «persevere» en el Señor? Significa mantener nuestra mente enfocada en él, pensar en él, dedicarse a él y ser conscientes de su persona, su presencia y su providencia sobre nuestra vida. Jesús nos dijo que amáramos al Señor nuestro Dios con toda nuestra mente (Mateo 22:37), y el salmista declaró: «Dichoso el que teme al Señor, el que halla gran deleite en sus mandamientos» (Salmos 112:1).

La meditación es *mantener* nuestra mente en el Señor, amándolo con cada pensamiento, temiéndole y deleitándose en sus mandamientos.

Cuando Harry Truman se convirtió en presidente, se preocupó por no perder el contacto con los ciudadanos estadounidenses comunes y corrientes, la gente «de a pie», así que a menudo salía y estaba entre ellos. Aquellos eran días más simples, en los que el presidente podía dar una caminata como cualquier otra persona. Una tarde, Truman decidió dar un paseo hasta el Puente Memorial sobre el río Potomac. Cuando sintió curiosidad por el mecanismo que levantaba y bajaba el puente, atravesó las plataformas y se dirigió al guarda del mismo, quien estaba comiendo su cena en un recipiente de hojalata.

El hombre no mostró sorpresa en absoluto cuando levantó la mirada y vio al hombre más conocido y poderoso del mundo. Simplemente se tragó su comida, se limpió la boca, sonrió y dijo: «Sabe, señor presidente, precisamente estaba pensando en usted».

De acuerdo con el biógrafo de Truman, David McCullough, este fue un saludo que a Truman le encantó y jamás olvidó.[2]

Al Señor le encanta hallarnos pensando en él. ¿Recuerda el antiguo himno de Fanny Crosby, *Comprado con sangre por Cristo*?

Consejo rápido: escriba su propio libro devocional. Tome un versículo cada día, medite en él, escriba un párrafo acerca de su significado para usted. Considere publicar su meditación, cuando sea apropiado, en las redes sociales.

En Cristo yo siempre medito,
y nunca le puedo olvidar;
callar sus favores no quiero,
voy siempre a Jesús alabar.[3]

Cuando nos encontramos con el Señor a diario, cuando abrimos su Palabra, cuando susurramos una oración, cuando andamos con él, estamos haciendo que nuestra mente persevere en Jesús y manteniendo fijo nuestro pensamiento en él. Esto lleva a confiar más en él y a experimentar más de la insondable *shalom, shalom* de Aquel que dijo: «La paz les dejo; mi paz les doy. Yo no se la doy a ustedes como la da el mundo. No se angustien ni se acobarden» (Juan 14:27).

Sea fortalecido... al reclamar las promesas de Dios

El segundo pasaje es de la autoría de Simón Pedro, que escribió estas palabras:

> Su divino poder, al darnos el conocimiento de aquel que nos llamó por su propia gloria y excelencia, nos ha concedido todas las cosas que necesitamos para vivir como Dios manda. Así Dios nos ha entregado sus preciosas y magníficas promesas para que ustedes, luego de escapar de la corrupción que hay en el mundo debido a los malos deseos, lleguen a tener parte en la naturaleza divina. (2 Pedro 1:3-4)

Ponga atención a la progresión de ideas aquí:

- El divino poder de Dios nos da todo lo que necesitamos.
- Lo que más necesitamos es una vida piadosa.
- Una vida piadosa viene de nuestro conocimiento de Aquel que nos llamó a su gloria y su bondad.
- A través de su gloria y bondad, él nos ha dado sus promesas.
- Sus promesas son excelentes y preciosas.
- A través de sus promesas, podemos reclamar esa vida piadosa y participar en la naturaleza divina.

En lo alto de un librero en mi oficina se encuentra un librito gastado escrito en 1848 que me ayudó a comprender mejor el significado de esto. La portada dice: «*Una colección de las dulces y confortadoras promesas de las Escrituras, o La herencia de los creyentes*, de Samuel Clarke, D. D.».

A Clarke le encantaba la gente joven y enseñaba una clase bíblica semanal para estudiantes. Él quería que ellos descubrieran el poder de las promesas de Dios para su vida, así que compiló el librito de promesas bíblicas para que las memorizaran y meditaran en ellas. En su introducción, Clarke escribió:

> Una atención fija y constante a las promesas, y una firme creencia en ellas, evitaría la inquietud y la ansiedad por las preocupaciones de esta vida. Mantendría la mente tranquila y serena en cada cambio, y

apoyaría y levantaría nuestro espíritu que se hunde bajo los variados problemas de la vida.

Los cristianos se privan a sí mismos de su consuelo más sólido debido a su incredulidad y su olvido de las promesas de Dios. Porque no hay situación demasiado extrema, sino que hay promesas adecuadas a esta, y lo suficientemente abundantes para nuestro alivio en medio de ella.

Una profunda familiaridad con las promesas sería una de las mayores ventajas en la oración. [...] ¡Y con qué fervor de espíritu y fuerza de fe puede alguien hacer cumplir sus oraciones al suplicar las diferentes promesas misericordiosas que son expresamente para su caso![4]

Al leer las memorias de la misionera Rosalind Goforth, de China, me encontré con un interesante relato que involucra las *Promesas bíblicas de Clarke*. Rosalind y su familia estaban atrapados en la ciudad de Hsin-tein durante el «Levantamiento de los bóxers». Multitudes fueron masacradas por toda China, y una turba sedienta de sangre se reunió alrededor de la posada en la que los Goforth se encontraban.

Repentinamente, sin la menor advertencia, me sobrevino un miedo abrumador de lo que podía estar esperándonos. No era el temor a la muerte, sino a una probable tortura, lo que se apoderó tan terriblemente de mí. Pensé: «¿Puede ser esto el valor cristiano que he estado buscando?». Por mi propia cuenta oré por la victoria, pero nadie vino a ayudar. Justo entonces alguien nos llamó a una habitación para orar antes de entrar a las carretas. Siendo apenas capaz de andar debido al temblor, y completamente avergonzada de que otros pudieran ver mi estado de pánico [...] logré alcanzar una banca al lado de la cual se encontraba mi esposo de pie. Él sacó de su bolsillo un librito, *Promesas de las Escrituras de Clarke*, y leyó los primeros versículos que sus ojos vieron [...] El efecto de esas palabras en tal momento fue extraordinario. Todos nos dimos cuenta de que Dios nos estaba hablando. Nunca hubo un mensaje dado más directamente al hombre mortal de parte de su Dios que ese mensaje para nosotros. Desde casi el primer versículo mi alma entera pareció inundarse con una gran paz; todo rastro de pánico se desvaneció; y sentí que la presencia de Dios estaba con nosotros. Por cierto, su presencia fue tan real que difícilmente pudiera haberlo sido más si la hubiésemos observado de forma visible.[5]

Si no tiene una copia de las *Promesas bíblicas de Clarke*, no se preocupe. No la necesita. Usted tiene algo mejor: una Biblia llena de las más grandes y preciosas promesas de Dios, la cual le dará suficiente alimento para toda una vida de meditación.

Busque sus promesas por usted mismo y medite en ellas. Tome en serio las promesas de Dios, más en serio que sus problemas. Y mientras mantiene su mente en el Dador de las promesas, nunca enfrentará un día, una decepción o un desastre sin hallar una palabra de Dios que lo sostenga.

A medida que leemos la Palabra de Dios cada día y pensamos deliberadamente en ella —enfocando nuestra mente en su persona y reclamando sus promesas— somos edificados, y llegamos a comprender nuestro mundo y a nosotros mismos con más claridad.

Eso fue lo que Henrietta Mears descubrió en un tren desde Minnesota a California. Henrietta era una maestra de la Biblia en Hollywood que inspiró a generaciones de jóvenes y ayudó a impulsar a Billy Graham y Bill Bright hacia sus ministerios globales. Ella condujo a las almas perdidas de Hollywood, tanto a estrellas como a personas sin rumbo fijo, al Señor. Construyó un imperio editorial, enseñó y escribió, viajó y habló, y sirvió en el equipo de la Iglesia Presbiteriana de Hollywood. Cientos de trabajadores le atribuyen su llamamiento al ministerio a su influencia.

De acuerdo con su biógrafo, la energía de Henrietta provenía de la meditación. En 1934, por ejemplo, abordó un tren en Minneapolis rumbo a casa. En su pequeño compartimiento, abrió su Biblia en Gálatas 5 y estudió las promesas de Dios con respecto al fruto del Espíritu. Tendida en la litera del coche, reflexionaba en el pasaje. «¿Realmente tengo los frutos del Espíritu?», se preguntaba a sí misma. «¿Cuánto de mi gozo y paz depende de cosas y condiciones y las personas que me rodean, y cuánto depende del Espíritu de Dios?».

> Tome en serio las promesas de Dios, más en serio que sus problemas.

Consejo rápido: lea lentamente un pasaje o capítulo en la grabadora de audio de su teléfono, y luego reprodúzcalo mientras va al trabajo o la escuela. Escúchelo varias veces al día. Pronto estará aprendiéndolo sin una extenuante memorización.

Su mente fue a otro versículo que planeaba usar en su clase, Romanos 6:11: «De la misma manera, también ustedes considérense muertos al pecado, pero vivos para Dios en Cristo Jesús».

El tren se balanceaba de un lado a otro mientras corría por la oscuridad, las ruedas repiqueteaban contra las vías. Acostada en su litera, Henrietta reflexionaba en los versículos. Conectaba el pasaje de Romanos con el de Gálatas. Oraba con respecto a esas palabras. Repentinamente, una luz se encendió en su interior y se sentó en la cama: «¡Vivos para Dios!», dijo. «Ese es el secreto».

Y ese *es* el secreto. No nos sirve estar muertos al pecado si no estamos vivos para Dios; pero si estamos vivos para Dios, él producirá el fruto. Esa noche, arrodillada junto a su cama, Henrietta oró: «¡Señor, quiero estar viva para ti! Quiero estar viva para ti y luego saber que los frutos del Espíritu vendrán a continuación». Ella se vio viva para Dios de una manera nueva, y su entusiasmo se desbordó. Al llegar a California, se reunió con su clase y dijo: «Quiero compartir con ustedes un descubrimiento maravilloso».[6]

La vida está llena de descubrimientos maravillosos cuando meditamos en la Palabra de Dios. Apague la televisión, halle un lugar tranquilo y abra la Biblia. Aprenda a buscar versículos que parecen escritos justo para usted hoy. Llévelos en su corazón. Mantenga su mente fija en él y more en sus grandísimas y preciosas promesas. Se verá a sí mismo y a su vida en términos divinos. Pronto estará diciéndoles a otros: «¡Quiero compartir contigo un descubrimiento maravilloso!».

Oigan esto, pueblos todos;
escuchen, habitantes del mundo,
tanto débiles como poderosos,
lo mismo los ricos que los pobres.
Mi boca hablará con sabiduría;
mi corazón se expresará con inteligencia.

—Salmos 49:1-3

Para descargar gratis una guía de estudio grupal de este libro, así como guías de meditación personal en audio, visite www.robertjmorgan.com/meditation.

❧ 4 ❧

MEDITACIÓN BÍBLICA:

Calme su espíritu y halle paz

Quiera él agradarse de mi meditación;
yo, por mi parte, me alegro en el Señor.

—Salmos 104:34

«*M*aría, por su parte, guardaba todas estas cosas en su corazón y meditaba
acerca de ellas» (Lucas 2:19).

Ella no era distinta de su hija o su hermana o su amiga, una
chica sencilla, a la que le gustaba divertirse, que se preguntaba acerca
del matrimonio, emocionada por el futuro, contenta con una vida
sencilla en una aldea ordinaria.

María amaba al Señor y conocía las Escrituras hebreas como la
palma de su mano. Lo sabemos debido a sus palabras registradas
en la Biblia, especialmente su gran oración, el Magníficat, en Lucas

1:46-55. La misma está tan llena de referencias y citas del Antiguo Testamento que suena como si hubiera salido directo de Salmos o de los escritos de los profetas.

Un día, cuando María era una joven adulta, quizá mientras iba a buscar agua del pozo al pie de la colina de Nazaret, ella se dio vuelta y vio un ángel. No era cualquier ángel. Era el ángel de Daniel en el Antiguo Testamento. O más específicamente, era el ángel de Israel del libro de Daniel, el ángel Gabriel. Él se dirigió a María como si fuera la persona más importante del mundo: «¡Te saludo, tú que has recibido el favor de Dios! El Señor está contigo» (Lucas 1:28). El corazón de María saltó mientras Gabriel continuaba su mensaje: «No tengas miedo, María; Dios te ha concedido su favor —le dijo el ángel—. Quedarás encinta y darás a luz un hijo, y le pondrás por nombre Jesús» (Lucas 1:30-31).

Gabriel compartió increíbles detalles acerca del nacimiento del Mesías de Israel, y respondió a las preguntas de María con paciencia y conocimiento. Luego llegó a su frase final, registrada en Lucas 1:37:

«Porque para Dios no hay nada imposible».

¡Qué declaración! Él no simplemente dijo que ningún mensaje de Dios fallaría, o que ningún capítulo, párrafo o enunciado sería un error.

No, él aseguró que ni una sola *palabra* de Dios dejará nunca de cumplirse exactamente como se ha pretendido. Jesús dijo: «El

Consejo rápido: muchos de nuestros grandes himnos y canciones de alabanza son el producto de alguien que estaba meditando en una verdad o versículo de las Escrituras. Tome un pasaje y conviértalo en su propia canción, poema u oración.

> Ni una sola
> palabra de Dios
> dejará nunca
> de cumplirse
> exactamente como
> se ha pretendido.

cielo y la tierra pasarán, pero mis palabras jamás pasarán» (Mateo 24:35). La Palabra de Dios es tan infalible como lo es su carácter, y su Palabra es digna de que la atesoremos y reflexionemos en ella en nuestro corazón. La Biblia dice: «Pues todas las promesas de Dios se cumplieron en Cristo con un resonante "¡sí!", y por medio de Cristo, nuestro "amén" (que significa "sí") se eleva a Dios para su gloria» (2 Corintios 1:20, NTV).

La meditación bíblica es atesorar las palabras de Dios y reflexionar en ellas en nuestro corazón. Así fue como María se mantenía calmada y preparada para el futuro. Así fue como tranquilizó su espíritu y soportó la ejecución del plan de Dios y el dolor de las habladurías. Ella reflexionó en todas estas cosas —todas las palabras de Dios— en su corazón.

La meditación proporciona... paz cuando el mundo está de cabeza

La meditación provee paz cuando nuestro mundo cambia. Justo el mes pasado asistí a un banquete durante una conferencia. Mientras entablábamos conversación, le comenté a mis compañeros de mesa que estaba trabajando en un libro acerca de la meditación bíblica. La mujer a mi derecha me dijo que personalmente había aprendido el poder de la meditación como una adulta joven. Para ella, era cuestión de meditar en sus problemas a la luz de las Escrituras. «Creo que Dios ha puesto su mano orientadora sobre mí a través de mi vida», señaló.

Cuando tenía once años, el Espíritu Santo creó en mí un espíritu para comprender las verdades de su Palabra. Todo comenzó cuando un pastor visitó nuestra casa con un ministerio bíblico grabado en cinta magnética. Yo estaba interesada en eso; y desde esa edad, comencé a escuchar las cintas de la Biblia en una vieja grabadora de carrete abierto. Cada libro de la Biblia era enseñado, con un interesante trasfondo histórico y muchas lecciones valiosas. Escuché muchos versículos de la Biblia una y otra vez, y hasta este día puedo recitar muchos de ellos de memoria. También fui animada a memorizar las Escrituras y a mantener un «Cuaderno de promesas».

Bueno, en mis veintes enfrenté una crisis particular y luché por saber qué hacer. Hice muchas caminatas junto a un río cercano, y todos esos versículos fluyeron en mi mente como cursos de agua: un aluvión de versículos bíblicos que había aprendido en mi infancia y adolescencia. Fue como si el Espíritu Santo me estuviera gritando la verdad de las Escrituras y yo no pudiera detener la corriente de información, ni tampoco quería hacerlo. En mi corazón y mi mente y con cada paso junto a la orilla del río, esos versículos trajeron guía y verdad.

No puedo decir que siempre tuve paz en esos momentos, pero tuve la verdad, y al meditar en esos pasajes atesorados, hallé la sabiduría y la dirección que necesitaba. Sabemos por las Escrituras que Dios no hace acepción de personas, pero que honra su Palabra donde sea que se encuentre. Si está en nuestro corazón y nuestra mente, entonces él honrará su santa Palabra en nosotros y nos traerá bendición.[1]

Mientras compartía su historia, pensé en Isaías 30:21, que dice: «Entonces tus oídos oirán a tus espaldas palabra que diga: Este es el camino, andad por él; y no echéis a la mano derecha, ni tampoco torzáis a la mano izquierda» (RVR 1960).

La meditación proporciona... energía cuando el trabajo es interminable

La meditación también inspira fortaleza cuando nuestro espíritu flaquea o nuestro trabajo parece interminable. El Dr. Charles Stanley, en su libro *Cómo escuchar la voz de Dios*, escribió:

> Podemos estar cansados, desgastados y emocionalmente turbados, pero después de pasar tiempo a solas con Dios, hallamos que él nos inyecta energía, poder y fuerza. La dinámica espiritual de Dios está trabajando en nuestro ser interior, refrescando y energizando nuestra mente y nuestro espíritu. No hay nada que iguale a la meditación en su impacto sobre nuestra vida y las vidas de otros.[2]

En su autobiografía, *Tal como soy*, Billy Graham recordó haber crecido en una granja lechera de Carolina del Norte. «Nuestros establos tenían techo de lámina», escribió...

> En los días lluviosos, me gustaba ir a hurtadillas al establo del heno y acostarme sobre una pila de paja resbalosa y con un dulce aroma, escuchando las gotas de lluvia golpear ese techo de lámina y soñando. Este era un santuario que ayudó a formar mi carácter. Siempre que visito una ciudad ajetreada en el mundo ahora, me gusta alejarme de los bulevares ruidosos hacia el edificio de una iglesia y meditar en medio de la quietud fresca y tenue. En nuestro hogar en Blue Ridge Mountains, mi lugar favorito es un pequeño sendero sobre la casa donde camino solo y hablo con Dios.[3]

Esos momentos tranquilos de oración y meditación a menudo han renovado la fortaleza de obreros del reino como María de Nazaret, Charles Stanley y Billy Graham. El Dios de ellos es también el de usted, y mientras medita su Palabra en su corazón, encontrará la energía para cada día y fuerza para cada tarea.

La meditación proporciona... esperanza cuando el panorama es sombrío

La meditación proporciona esperanza incluso en nuestros momentos más desalentadores. Hace algunos años, mientras escribía *The Lord*

Is My Shepherd [El Señor es mi pastor], entrevisté a Maurice Pink, un veterano británico de la Segunda Guerra Mundial que compartió sus experiencias como un marinero de diecinueve años cuando los torpedos golpearon su nave el 10 de diciembre de 1941.

Maurice, tres pisos abajo, sintió el agua subiendo por sus piernas. Trepó las escaleras y a través de varios pasajes llegó a cubierta, se quitó la ropa y saltó al mar de la China Meridional infestado de tiburones mientras la nave se hundía rápidamente. Se sintió desorientado, inseguro de hacia dónde nadar, y comenzó a entrar en pánico.

En ese momento, contó, Salmos 23 vino a su mente. Chapoteando en el agua, comenzó a pronunciar esas palabras una y otra vez. Fueron mejores que un chaleco salvavidas. Lo mantuvieron sin sumergirse hasta que el destructor británico HMS *Electra* lo rescató una hora después. «¿Le gustaría que le leyera lo que he escrito acerca de mi experiencia?», me preguntó.

Hay tiempos en la vida cuando las cosas no van bien y uno se siente solo. Eso me sucedió a mí el 10 de diciembre de 1941, cuando estaba en el crucero de guerra HMS *Repulse* con el cercano HMS *Prince of Wales*. Nos vimos atacados por la fuerza aérea japonesa, lo que resultó en que ambas naves fueran hundidas. Me hallé solo en el agua, incapaz de ver a nadie más. Fue entonces que Salmos 23 vino a mi cabeza, y me di cuenta de que no estaba solo. Tenía un Pastor. El Señor era mi Pastor, nada me faltaría. No estaba en verdes pastos, sino en aguas aceitosas;

pero él confortó mi alma. Aunque me encontraba en un valle tenebroso, no temí mal alguno, porque él estaba conmigo.

La vara y el cayado no me sonaban familiares hasta que escuché voces por encima de mí que me gritaban. Al mirar hacia arriba vi a un gran destructor a un costado, el HMS *Electra*, con redes colgando en un lado, lo cual me permitió trepar hasta estar a salvo. Eso fue mi vara y mi cayado. No tuve una mesa puesta delante de mí, pero me dieron una taza de chocolate del barco.

Desde ese momento, el bien y la misericordia me han seguido todos los días de mi vida, y cuando hago memoria de esa ocasión, me pregunto qué hubiera sucedido si hubiera muerto. Una vez más, el salmo tuvo la respuesta: hubiera morado en la casa del Señor por largos días. Gracias, Señor, por ser mi Pastor y por Salmos 23.[4]

¡Sin duda alguna esa es una meditación! Nunca he estado literalmente en un naufragio, pero ha habido veces en que las cosas no van bien y me he sentido solo. En tales ocasiones a menudo recito Salmos 23, imaginándolo y hablando con el Buen Pastor. Una vez dormí intermitentemente sobre el sofá por varias semanas, ya que no podía relajarme en la cama debido a la ansiedad. Salmos 23 fue mi poción para dormir. Lo recité una y otra vez, forzando a mi mente a enfocarse en él en vez de en mis preocupaciones. Creo que todos en la tierra deberían saberse Salmos 23 de memoria, porque puede mantener nuestra cabeza sobre el agua cuando nos sentimos agobiados.[5]

La meditación proporciona... aplomo cuando el estrés es mucho

La meditación bíblica también proporciona aplomo cuando nuestros nervios están tensos o cuando otras personas nos estresan.

El Dr. Elmer Towns conoció a la gerente de una oficina a quien le gustaba todo lo relacionado con su trabajo, excepto una cosa. No disfrutaba interactuar con el director de la planta. No importaba lo que pasara en la compañía, él era negativo al respecto, y ella temía que la llamara a su oficina.

El Dr. Towns sugirió que meditara en el Padre Nuestro durante tales momentos de estrés. «Ore el Padre Nuestro de camino a esa oficina», le dijo. La mujer aceptó el desafío. Siempre que el director la llamaba a su oficina, silenciosamente reflexionaba y oraba el Padre Nuestro durante el trayecto. Para cuando llegaba frente al hombre, se sentía calmada. En vez de estar a la defensiva y enojada con él, era capaz de decir: «Permítame ayudarle a tener una mejor perspectiva».

Posteriormente, ella comentó: «Obtuve fe del Padre Nuestro. Me dio el valor para sugerir enérgicamente nuevas formas de que él viera las cosas. Ahora siempre oro el Padre Nuestro mientras camino de mi escritorio a su oficina».[6]

Lo mejor de la meditación es su privacidad y su portabilidad. Sin que nadie sepa —incluso la persona que se encuentra frente a usted en la mesa de juntas— puede revisar un versículo de las Escrituras o un pasaje como el Padre Nuestro, haciendo que recorra su cerebro como un arroyo burbujeante.

Halle los mejores pasajes de Dios para sus peores días —manténgalos en una lista como referencia— y aprenda a calmarse a sí mismo al masajear su mente con el aceite de su Palabra.

La meditación proporciona... ayuda cuando los recursos son pocos

La meditación bíblica nos ayuda cuando nuestros recursos son pocos, ya se trate de tiempo, energía, o inclusive dinero. Aquí está mi ejemplo favorito:

El Dr. Frank Pollard, un nombre muy famoso en los círculos bautistas, creció en un entorno descompuesto en los campos petroleros de Texas. Su padre quería que fuera abogado, pero cuando Frank decidió prepararse para el ministerio, su padre se rehusó a ayudarlo a financiar su educación. Frank dejó su casa en un auto viejo con diez dólares en el bolsillo. Un oficial de policía lo detuvo por exceso de velocidad. La multa fue de diez dólares.

«Entonces», dijo Frank, «ya no tenía dinero ni un lugar donde pasar la noche. Se estaba haciendo tarde, así que me senté, abrí mi Biblia y comencé a leer. Me volví a Mateo 6:33: "Mas buscad primeramente el reino de Dios y su justicia, y todas estas cosas os serán añadidas" (RVR 1960)». Frank meditó en esto. Si Dios podía tener cuidado de las aves y las flores, ¿no podía también tener cuidado de su empobrecido hijo que acababa de perder sus últimos diez dólares? Esa noche, Frank obtuvo un trabajo vendiendo soda en un juego de béisbol de las ligas menores y le pagaron cinco dólares. También se encontró con un amigo, quien lo reclutó para trabajar en el campamento de día de la YMCA, y parte del salario era alojamiento y comida gratis.

«Desde ese día en adelante», dijo, «he añadido "Mateo 6:33" a mi firma». Él meditó en eso toda su vida, y nunca agotó su significado o poder, porque ninguna palabra de Dios puede fallar jamás.[7]

He dado estos ejemplos a fin de mostrar lo práctico de la meditación bíblica. Para los héroes de la Biblia, la meditación era un hábito entretejido en su vida cotidiana. Isaac meditaba en el campo. David meditaba en medio de las batallas. Pablo meditaba en la prisión. Jesús meditaba en la cruz. María meditaba junto al pozo de Nazaret. Y podemos seguir con los ejemplos.

María tenía un tesoro de verdades enviadas del cielo, y meditaba en ellas en su corazón. Esto le dio paz cuando el mundo estaba de cabeza, energía cuando el trabajo era interminable, esperanza cuando el panorama era sombrío, aplomo cuando el estrés era mucho, y ayuda cuando sus recursos eran pocos.

Lo mismo le sucederá a usted a medida que aprende a reflexionar perpetuamente en la Palabra de Dios en su corazón.

Para descargar gratis una guía de estudio grupal de este libro, así como guías de meditación personal en audio, visite www.robertjmorgan.com/meditation.

Consejo rápido: recuerde que cada versículo tiene una sola interpretación correcta. Tenemos que estudiar la Biblia para determinar el significado que el autor pretendió que tuviera el pasaje. Sin embargo, cada pasaje puede tener muchas aplicaciones.

Estudie el contexto y esfuércese por «usar bien» la Palabra de Dios y aplicarla sabiamente a su vida.

MEDITACIÓN BÍBLICA:

Ayuda para comprender la Palabra de Dios

¡Oh, cuánto amo yo tu ley!
Todo el día es ella mi meditación.

—SALMOS 119:97 (RVR1960)

Cuando yo era niño tenía un pequeño tocadiscos que reproducía sencillos de 45 rpm, los que yo guardaba apilados en un pequeño estante. Me pasaba horas escuchando esos clásicos atemporales, bailando y cantando «Zip-a-Dee-Doo-Dah», «You Are My Sunshine» y «The World Owes Me A Living». Sin embargo, algunas veces la aguja se saltaba de su surco y se deslizaba de ida y de regreso por el disco de vinilo, haciendo un ruido horrible y rayando mi disco. Solo cuando encontraba otra vez su surco la música regresaba.

Ya no tengo mi pequeño tocadiscos Victrola o mi colección de discos con sus grandes hoyos en el centro, pero todavía recuerdo ese horrible ruido. Este se desata en mi mente cuando la pequeña aguja de mi alma se sale de su surco y rasga mis nervios de una manera que causa que cada parte de mí se tense o explote en ira.

La meditación bíblica ayuda a mi mente a hallar su surco de nuevo y provee la banda sonora de mi vida: canciones de alabanza y melodías de gozo basadas en Jesús.

Cuando estoy luchando para tener paciencia mientras ayudo a mi esposa discapacitada con algunas tareas, me ayuda susurrar I Corintios 13:4: «El amor es paciente, es bondadoso. El amor no es envidioso ni jactancioso ni orgulloso».

Cuando estoy tentado a gastar demasiado en una compra cuestionable, Hebreos 13:5 es un gran versículo: «Manténganse libres del amor al dinero, y conténtense con lo que tienen».

Cuando estoy preocupado por mis seres amados, recuerdo las palabras de Jesús en Juan 14:1: «No se angustien. Confíen en Dios, y confíen también en mí».

Cuando estoy enojado, doy una caminata y me recuerdo a mí mismo Proverbios 29:11: «El necio da rienda suelta a su ira, pero el sabio sabe dominarla».

Cuando tengo envidia del éxito de otro, pienso en la conversación entre Pedro y Jesús en Juan 21. Viendo al apóstol Juan a la distancia, Pedro preguntó: «Señor, ¿y qué de este? Jesús le dijo: Si quiero que él quede hasta que yo venga, ¿qué a ti? Sígueme tú». (vv. 21-22, RVR 1960)

Consejo rápido: mantenga un diario de meditación. Cada día ponga la fecha y anote el versículo o referencia que Dios le dé. Mientras estudia el pasaje, tome nota de sus pensamientos al respecto. Con el tiempo, desarrollará su propio comentario bíblico informal.

Cuando mi sueño se dificulta por las variadas preocupaciones acerca de la vejez y la muerte, ayuda que haya memorizado el inicio de Apocalipsis 21:1-2: «Después vi un cielo nuevo y una tierra nueva, porque el primer cielo y la primera tierra habían dejado de existir, lo mismo el mar. Vi además la ciudad santa, la nueva Jerusalén, que bajaba del cielo, procedente de Dios, preparada como una novia hermosamente vestida para su prometido».

Cuando me hallo en medio de una crisis —¡y, ay, cómo odio las crisis!— la Palabra de Dios nunca ha fallado en proveer un versículo o pasaje para anclar mis emociones vacilantes. De alguna manera, a través de la meditación, escucho la voz del Maestro. De alguna manera, a través de la meditación, él levanta la aguja errante de mi espíritu y la coloca nuevamente en el surco de su gracia.

No hay nada malo con los libros devocionales —yo he escrito algunos—, pero deben ser suplementos para nuestra dieta espiritual, no el plato principal.

Para tener acceso mental a estos versículos, debemos ser estudiantes de las Escrituras. Muchos de nosotros nos nutrimos empleando los libros devocionales, que son el resultado de la meditación de otros. No hay nada malo con los libros devocionales —yo he escrito algunos— pero deben ser suplementos para nuestra dieta espiritual, no el plato principal.

Lo mismo sucede con los comentarios. Dependemos demasiado de los comentarios y no lo suficiente de la contemplación. En nuestra era de comunicaciones rápidas, hemos llegado a esperar instantáneamente toda la información que necesitamos. Así que cuando se trata de nuestra ingesta bíblica, tomamos un versículo de una aplicación, como los comerciantes del día agarran una rosquilla de camino a la bolsa de valores.

La verdadera meditación bíblica requiere un estudio sistemático de la Biblia, porque la Palabra de Dios provee el alimento para profundizar en la reflexión. Permítame sugerirle un plan cuádruple para acercarse a las Escrituras en oración.

I. Lea los libros de la Biblia

Primero, intente leer la Biblia por libros. Cuando el Señor diseñó la Biblia, dividió su contenido en sesenta y seis unidades, las cuales llamamos libros, y cada uno satisface diferentes necesidades en nuestra vida. El contenido de cada libro se despliega lógicamente, cada párrafo se basa en el que lo precede, avanzando hacia el gran mensaje que Dios quiere darnos en ese libro en particular. Al leer todo el libro, ya sea de una sola vez o en un determinado período de tiempo, asimilamos el panorama de su contenido.

Mi amigo Matt Gardner vio una entrevista con el actor Anthony Hopkins, quien dijo que cuando recibe el libreto de una película, lo lee por completo entre cien y doscientas veces antes de la producción. Escribe notas en los márgenes. Garabatea e imagina cómo se verá en el escenario o la pantalla. Para cuando Hopkins termina, ha interiorizado el libreto. Conoce su personaje. Se sabe sus líneas (y las de todos los demás). Se siente capaz de improvisar, y él es una personificación del libreto.[1]

Matt se preguntó: «Si un actor de Hollywood lee un libreto cien veces, ¿por qué no podemos leer un libro de la Biblia cien veces?».

Así que seleccionó el libro de Santiago y comenzó a leerlo una y otra vez. Santiago requiere menos de diez minutos para leerse. A medida que Matt se adentraba en el proyecto y los días pasaban, comenzó a ver cómo ciertos temas emergían y se repetían en el libro. Comenzó a tener una idea de la personalidad del autor y sus convicciones. Se familiarizó tanto con esta epístola que pudo repasarla con los ojos cerrados, y comenzó a mirar su vida cotidiana a través de la lente práctica de su contenido.[2]

Quizá a usted lo abruma el pensamiento de leer un libro entero de la Biblia, especialmente de una sentada. He conducido un experimento personal de cuánto tiempo se requiere. La mayoría de los libros se pueden leer en unos pocos minutos. Me llevó diez minutos leer Lamentaciones; cuatro minutos leer Jonás; diecisiete minutos leer 2 Corintios; once minutos, Gálatas; y un minuto abarcar cada palabra de 2 Juan.

Los libros más largos algunas veces los abordo durante los vuelos trasatlánticos o cuando estoy en la playa. Leí Génesis en una hora y treinta y siete minutos. Éxodo requirió una hora y quince minutos. Mateo precisó cincuenta y dos minutos, menos tiempo de la hora que dura mi drama favorito de televisión.

Sin embargo, no crea que debe sentarse y leer todo el libro de Salmos, por ejemplo, de una vez. Solo léalo sistemáticamente. Si lee un salmo al día, por ejemplo, terminará el libro completo en ciento cincuenta días. En solo cinco minutos saldrá de su estudio con un corazón lleno de alabanza.

Si selecciona en oración un libro más corto, como Santiago o Filipenses, y lo lee una y otra vez, comprenderá mejor la cadena de lógica que Dios insertó en ese libro. Crecerá en sabiduría mientras las Escrituras moldean su mente. Las sesenta y seis cartas de amor de Dios para usted comenzarán a transformar su pensamiento, sus actitudes y sus acciones.

2. Estudie los pasajes de la Biblia

También es útil estudiar la Biblia en pequeñas secciones, profundizando en los párrafos, las oraciones y las palabras, analizando cada uno en su contexto. En su libro acerca de la meditación, David W. Saxton sugiere que los creyentes «deben elegir un versículo o tema lo suficiente pequeño que les permita una concentración detallada».[3]

Algunas veces en mis devociones diarias leo una porción más larga de las Escrituras: los cinco capítulos de Santiago, por ejemplo. No obstante, otros días puedo dedicar mi tiempo a un solo párrafo de Santiago, o tal vez a solo un versículo. Por ejemplo, recientemente mientras leía Santiago, pasé varios días en Santiago 1:2-3, que comienza: «Considérense muy dichosos cuando tengan que enfrentarse con diversas pruebas». Eso es algo contrario a nuestras reacciones normales en la vida, pero las siguientes palabras son «pues ya saben», y luego Santiago pasa a dar una lista de razones por las cuales debemos estar gozosos en medio de las pruebas. Hallé terapéutico hacer una lista con viñetas y estudiar cada línea de su pensamiento.

Hay muchas cosas que usted puede hacer con un párrafo de las Escrituras. Puede leerlo, analizarlo meticulosamente, hacer un diagrama, describirlo, parafrasearlo, resumirlo, dividirlo, volver a unirlo, revisar sus referencias cruzadas, estudiar sus palabras y enlistar sus aplicaciones. Puede cantarlo, gritarlo, orarlo.

La Biblia es inagotable en su sabiduría y su aplicación. Cada vez que abrimos sus páginas, hallamos algo fresco y nuevo, incluso en textos conocidos. Dios nos ha dado un libro lo suficiente pequeño para sostenerlo en nuestras manos, lo suficiente grande para estudiarlo toda la vida, y lo suficiente rico para satisfacer nuestro corazón y nuestra mente para siempre.

Halle una buena Biblia de estudio con una introducción a cada libro

> Dios nos ha dado un libro lo suficiente pequeño para sostenerlo en nuestras manos, lo suficiente grande para estudiarlo toda la vida, y lo suficiente rico para satisfacer nuestro corazón y nuestra mente para siempre.

y algunos comentarios acerca de los versículos. Piense en sí mismo como en un estudiante a largo plazo de la Biblia. Hágalo parte de su rutina. Encuentre un tiempo y un lugar para estudiar, un escritorio o una mesa. Tome un cuaderno y un bolígrafo. Subraye. Resalte. Circule. Reflexione. Personalice. Incorpórelo a la agenda de cada día.

Familiarícese con la Palabra de Dios, con todos sus libros, párrafos y versículos, con todos sus mandamientos y demandas, con todos sus preceptos y promesas, porque, como dice Deuteronomio 32:47: «no son palabras vanas para ustedes, sino que de ellas depende su vida».

3. Digiera los pensamientos de la Biblia

Mi amigo Sam Doherty, que comenzó el trabajo de la Child Evangelism Fellowship en Irlanda, cuenta de un momento lleno de miedo en su vida. Su único hijo, Stephen, desarrolló serios problemas de salud y necesitaba un trasplante de hígado. Esperó dos años, debilitándose cada vez más. Sam se preocupó enormemente, pero el Señor le dio un versículo para meditar, Salmos 91:15: «Él me invocará, y yo le responderé; estaré con él en momentos de angustia». Sam lo consideró como una promesa personal de Dios y eso lo fortaleció mucho. Sin embargo, un día su fe flaqueó un poco, y Sam le pidió a Dios que confirmara esa promesa de una forma más definitiva. Esa misma mañana, la lectura regular de la Biblia de Sam era Salmos 99. Mientras leía el versículo 6, se dio cuenta de que su propio nombre estaba en él: «Samuel también invocó su nombre. Clamaron al Señor por ayuda, y él les respondió» (NTV). Sam después dijo: «Cuando vi mi nombre, me di cuenta de que no podía obtener ninguna promesa más definitiva o clara que esa».[4]

Al leer la historia de Sam, pienso en algo que Ruth Bell Graham escribió en su libro *It's My Turn* [Es mi turno]. Cuando era una jovencita, Ruth fue enviada a un internado en Corea, donde estaba sola y confundida. Desesperada, acudió a su hermana, Rosa, para pedirle consejo. «No sé qué decirte que hagas», dijo Rosa, «a menos que tomes algunos versículos y les pongas tu nombre. Mira a ver si eso te ayuda».[5]

En un sentido, la meditación es encontrar versículos en la Biblia y ponerles nuestro nombre. Es reflexionar y personalizar las Escrituras. Mientras usted lee los libros de la Biblia, estudie sus párrafos y memorice algunos de sus versículos clave, hallará que la meditación comienza a ocurrir casi automáticamente. A medida que se enamora del libro de Dios, pensará en este más... y pensará más en *el Señor*. El Espíritu Santo traerá versículos a su mente justo cuando los necesite, y la meditación se volverá un hábito mental natural y continuo.

Hay un librito de los Navegantes que me puso en el sendero de la meditación décadas atrás. El autor sugería que nuestra meditación en las Escrituras es similar a una vaca rumiando su bolo alimenticio.

La meditación es sopesar varios pensamientos al reflexionar sobre ellos en la mente y el corazón. Es procesar el alimento mental. Lo llamamos «digestión del pensamiento». Rumiamos un pensamiento deliberada y minuciosamente, para proveer así un vínculo vital entre la teoría y la acción. Lo que el metabolismo es al cuerpo físico de una vaca, la meditación es a nuestra vida mental y espiritual.[6]

Muy semejante a como nuestro cuerpo tiene antojo del alimento físico, nuestro espíritu tiene antojo del alimento espiritual. La meditación bíblica nos capacita para comenzar a consumir y digerir los pensamientos de la Biblia.

- El profeta Jeremías dijo: «Fueron halladas tus palabras, y yo las comí; y tu palabra me fue por gozo y por alegría de mi corazón» (Jeremías 15:16, RVR1960).
- Job dijo: «He atesorado sus palabras más que la comida diaria» (Job 23:12, NTV).
- El salmista dijo: «¡Cuán dulces son a mi paladar tus palabras!» (Salmos 119:103).
- Jesús dijo: «No solo de pan vive el hombre, sino de toda palabra que sale de la boca de Dios» (Mateo 4:4).

Leer y escuchar la Biblia es como comerla: la misma entra en nuestro cuerpo, en nuestro espíritu. Cuando meditamos en lo que hemos leído y escuchado, estamos masticando y digiriendo el material hasta que es asimilado en nuestro sistema, diseminado a través de nuestra personalidad, y en realidad se convierte en *nosotros*.

En Lucas 24, Jesús se unió a dos de sus discípulos mientras caminaban desde Jerusalén hasta Emaús. Fue la tarde de la primera Pascua, y los dos estaban perplejos por la muerte brutal del Mesías y los desconcertantes rumores de su resurrección. Escucharon pasos a sus espaldas, y un misterioso extraño se aproximó y comenzó a conversar con ellos. Escuchó sus interrogantes y comenzó a decirles lo que anhelaban saber: «Entonces, comenzando por Moisés y por todos los profetas, les explicó lo que se refería a él en todas las Escrituras» (Lucas 24:27). Después de llegar a casa y partir el pan con ellos, Jesús desapareció de su vista. Pero más tarde, mientras los dos discípulos comentaban acerca de su caminata inolvidable, dijeron: «¿No ardía nuestro corazón mientras conversaba con nosotros en el camino y nos explicaba las Escrituras?» (v. 32). El versículo 45 continúa diciendo que Jesús «les abrió el entendimiento para que comprendieran las Escrituras».

> Leer y escuchar la Biblia es como comerla: la misma entra en nuestro cuerpo, en nuestro espíritu.

Note cómo Jesús *abrió las Escrituras* para sus mentes y *abrió sus mentes* a las Escrituras. Lo que Jesús hizo por ellos, el Espíritu Santo lo hace para nosotros. El apóstol Pablo dijo: «Y nosotros no hemos recibido el espíritu del mundo, sino el Espíritu que proviene de Dios, para que sepamos lo que Dios nos ha concedido» (1 Corintios 2:12).[7]

El estudio de la Biblia nunca estuvo destinado a ser meramente académico. Es relacional. Transformador. No se trata simplemente de estudiar un libro, sino de convivir con un Amigo.

4. Comparta el mensaje de la Biblia

Una vez que hemos leído, estudiado y digerido la Palabra, entonces estamos listos para compartir su mensaje. Préstele atención al hecho de que la meditación —leer, estudiar y digerir— es un prerrequisito para divulgar la Palabra de Dios a otros. Muchos predicadores y maestros corren de la revelación a la relevancia sin tomar tiempo para la reflexión. Demasiado a menudo nos apresuramos de nuestro *texto* a nuestra *charla* sin darnos tiempo para *pensar*. Sin embargo, Salmos 39:3 señala: «Al meditar en esto, el fuego se inflamó y tuve que decir...».

En mi propia experiencia, he hallado que no puedo ir directo del estudio de la Biblia a la preparación de un sermón efectivamente. Necesito tiempo para pensar con detenimiento en el material, a menudo durante largas caminatas en el parque o paseando por mi jardín trasero. Mis mejores percepciones llegan cuando me alejo realmente de mi escritorio, meditando en lo que he aprendido. Con frecuencia me detengo para anotar mis pensamientos e ideas, las cuales después martillo en mis sermones, como un herrero cuando el hierro está caliente.

En su pequeño folleto acerca de la vida de Jonathan Edwards, Ed Reese escribió:

> Uno de los secretos del éxito [de Edwards] fue que siempre pensaba detenidamente en su tema. Incluso en sus caminatas y mientras andaba a caballo por el bosque, podía anotar ideas y las sujetaba a su abrigo. Cuando regresaba a la casa parroquial, escribía la explicación completa de las notas escritas en los fragmentos de papel. Se dice que a veces todo el frente de su abrigo estaba cubierto de pedazos de papel.[8]

Recuerde este antiguo poema de la infancia:

> *Mientras caminaba solo,*
> *hablaba conmigo,*
> *y mi yo me respondió;*
> *y las preguntas que mi yo*
> *me hizo a mí mismo,*
> *con sus respuestas te las di.*[9]

La meditación bíblica es el arte de hablarnos a nosotros mismos acerca de lo que Dios nos ha dicho; y lo que compartimos con otros es lo que se desborda.

Si usted se compromete a establecer el hábito de leer los libros de la Biblia, estudiar sus pasajes, digerir sus pensamientos y compartir sus secretos con otros, hallará su surco, y la verdad de la Palabra de Dios proveerá una banda sonora loable para su vida.

Para descargar gratis una guía de estudio grupal de este libro, así como guías de meditación personal en audio, visite www.robertjmorgan.com/meditation.

6

MEDITACIÓN BÍBLICA:

Obtenga información sobre la voluntad de Dios

Así, todos nosotros, que con el rostro
descubierto reflejamos
como en un espejo la gloria del Señor,
somos transformados
a su semejanza con más y más gloria por la
acción del Señor, que es el Espíritu.

—2 CORINTIOS 3:18

Recientemente meditaba en Jeremías 23, un capítulo en el cual el Señor condenó a los falsos profetas que engañaban al pueblo de Judá. Estos predicadores falsos afirmaban tener un mensaje de Dios. «¿Quién de ellos *ha estado en el consejo del SEÑOR*? ¿Quién ha atendido y escuchado su palabra?», preguntó en el versículo 18 (énfasis mío).

Un poco más tarde, el Señor dijo: «Ni siquiera les hablé, pero ellos profetizaron. *Si hubieran estado en mi consejo*, habrían proclamado mis palabras a mi pueblo» (vv. 21-22, énfasis mío).

Me llamó la atención el concepto de *estar en el consejo del Señor*. Como maestro de la Biblia, me he preguntado cómo eso se ve y se siente. En mi mente, así es como lo imagino:

Sentado en una mesa con mi Biblia abierta, me veo a mí mismo, por así decirlo, acercándome a un vasto archivo abovedado. Es un tesoro construido del más fino mármol Makrana, reluciente y grandioso, asentado en el centro de una finca bien cuidada.

Al empujar las puertas laqueadas, entro en la rotonda y me encuentro en una gran biblioteca. Las delgadas ventanas de vidrio biselado dan hacia prados verdes y aguas tranquilas. En lo alto, un candelabro cuelga de una cúpula dorada. Entre las ventanas hay altísimos estantes repletos de volúmenes de cuero. La habitación está ricamente decorada con paneles de madera reluciente, y en el centro se halla un escritorio alto.

He entrado a la biblioteca más perfecta del mundo, y cada volumen está a mi disposición. Sin embargo, solo hay sesenta y seis libros. Subiendo una escalera, me estiro y alcanzo Génesis, o Ruth, o Salmos, o Proverbios. Los profetas ocupan los estantes adyacentes. Cerca están Mateo, Marcos, Lucas y Juan. Del otro lado se encuentran las epístolas de Pablo. En los siguientes estantes están Santiago, Judas, Hebreos y Pedro. Ocupando un lugar en un estante por sí solo está Apocalipsis, sostenido en posición vertical por sujetalibros de querubines de mármol. Tomando uno de los volúmenes, lo llevo el escritorio en el centro de la habitación. Al abrir el libro, comienzo a leer, cada palabra resplandece en oro cuando mis ojos caen sobre ella. Recuerdo, entonces, lo que vi grabado en el mármol en el corredor:

> La ley del Señor es perfecta: infunde nuevo aliento.
> El mandato del Señor es digno de confianza: da sabiduría al sencillo.
> Los preceptos del Señor son rectos: traen alegría al corazón.
> El mandamiento del Señor es claro: da luz a los ojos [...]
> Son más deseables que el oro.
>
> Salmos 19:7-8, 10

Incluso cuando mi visita está por concluir, y devuelvo el libro a su estante y dejo los archivos, no dejo las palabras detrás, porque han sido transcritas a las paredes de mi propia biblioteca interna. Las llevo conmigo para reflexionar, imaginar, personalizarlas, practicarlas, predicarlas.

Esto, para mí, es estar en el consejo de Dios, el maravilloso Consolador que prometió: «Yo te instruiré, yo te mostraré el camino que debes seguir; yo te daré consejos y velaré por ti» (Salmos 32:8).

Usted no tiene que ser un predicador o un erudito profesional para intentar esto. El otro día me encontré con mi nieta en una mesa cerca de la ventana. Ella estaba leyendo y tomando notas en un bloc de papel.

Consejo rápido: invierta en una buena Biblia de estudio con introducciones a cada uno de los sesenta y seis libros, referencias cruzadas en los márgenes y mapas al final. No tenga miedo de subrayar y destacar. Cuando un versículo le hable de una forma memorable, anote la fecha en un lado como un recordatorio del mensaje de Dios para su corazón.

«¿Qué estás haciendo?», pregunté.

«Estoy teniendo mi devocional, abuelo», dijo. «Estoy estudiando la Biblia».

Más tarde pasé por la mesa y vi sus notas. Ella había tomado un versículo del libro de Proverbios y lo había diseccionado y analizado minuciosamente, tal como yo lo hubiera hecho si estuviera preparando un sermón. Se devoró ese versículo. Ella había estado en el consejo de Dios.

Mientras frecuentamos esa majestuosa biblioteca, haciendo regularmente un alto en la agenda de cada día y conviviendo con su Curador eterno, obtendremos conocimiento de la voluntad de Dios para nuestra vida. Tendremos sabiduría para las pruebas y tareas de cada día.

Salmos 119 usa la palabra *meditar* para describir cómo funciona este asombroso proceso. El autor dijo (énfasis añadido):

- En tus preceptos *medito*, y pongo mis ojos en tus sendas (v. 15).
- Aun los poderosos se confabulan contra mí, pero este siervo tuyo *medita* en tus decretos (v. 23).
- Hazme entender el camino de tus preceptos, y *meditaré* en tus maravillas (v. 27).
- Yo amo tus mandamientos, y hacia ellos elevo mis manos; ¡quiero *meditar* en tus decretos! (v. 48).
- *Meditaré* en tus preceptos (v. 78).
- ¡Cuánto amo yo tu ley! Todo el día *medito* en ella (v. 97).

- Tengo más discernimiento que todos mis maestros porque *medito* en tus estatutos (v. 99).
- En toda la noche no pego los ojos, para *meditar* en tu promesa (v. 148).

«Mi corazón reflexiona... mi espíritu medita e inquiere»

Una de las mejores ilustraciones bíblicas del uso de la meditación para adquirir conocimiento de la Palabra de Dios proviene de Asaf, el autor de Salmos 77 y 78. Lo hallamos terriblemente ansioso en Salmos 77, tan consternado que no podía dormir: «Sin cesar elevo mis manos por las noches, pero me niego a recibir consuelo» (v. 2).

¿Cuán a menudo el temor se roba nuestro sueño? El temor es como una mano esquelética que se extiende hacia nuestro pecho y aprieta nuestro corazón. Esa mano huesuda tiene muchos dedos filosos: ansiedad, preocupación, ira, depresión, obsesión, compulsión, desánimo, celos, premoniciones, fobias, timidez, desconfianza y esa agobiante sensación de inquietud.

Cuando Asaf se halló incapaz de dormir, atenazado por el miedo y la preocupación, meditó:

> Me acuerdo de Dios [...] medito en él [...] Me pongo a pensar en los tiempos de antaño [...] Mi corazón reflexiona por las noches; mi espíritu medita e inquiere. (vv. 3-6)

En sus meditaciones, él se hacía algunas preguntas y reflexionaba en las respuestas:

«¿Nos rechazará el Señor para siempre? ¿No volverá a mostrarnos su buena voluntad? ¿Se habrá agotado su gran amor eterno, y sus promesas por todas las generaciones? ¿Se habrá olvidado Dios de sus bondades...?». (vv. 7-9)

Luego Asaf comenzó a responder sus propias preguntas al revisar la fidelidad de Dios en el pasado. Escribió en los versículos 10-12:

Y me pongo a pensar: «Esto es lo que me duele: que haya cambiado la diestra del Altísimo». Prefiero recordar las hazañas del Señor, traer a la memoria sus milagros de antaño. Meditaré en todas tus proezas; evocaré tus obras poderosas.

Mientras Asaf reflexionaba en la Palabra de Dios, meditaba en Dios mismo, y esa es la clave. La meditación bíblica no es solo un asunto de meditar en las Escrituras; es meditar en el Dios de las Escrituras. Más allá de la página sagrada, vemos al Señor. No se trata únicamente de la *Palabra misma*, sino del *Señor mismo*, el Verbo encarnado.

Debemos meditar en la esencia, la personalidad, la santidad, la fidelidad, la inalterabilidad, la bondad, la grandeza, el poder, el amor, la majestad y la gracia de nuestro Dios.

> La meditación
> bíblica no es
> solo un asunto
> de meditar en
> las Escrituras; es
> meditar en el Dios
> de las Escrituras.

Debemos contemplar lo incomprensible, ver lo invisible, reflexionar en lo imponderable y maravillarnos ante el misterio de Aquel que es tres en uno, y uno y tres a la vez. Él es el Anciano de días, cuya existencia es desde el principio, desde los días de la eternidad.

Debemos pensar acerca de Aquel que formó las montañas, llenó los mares y lanzó las estrellas a través del firmamento. Su trono ocupa el lugar más alto del más alto cielo, muy por encima de todo gobierno y autoridad, poder y dominio, y de cada nombre que se nombra, tanto en la era presente como en la que está por venir. Él debe ser temido y seguido, amado y obedecido, alabado y adorado. Él es el Dios de Abraham, Isaac y Jacob; el Dios de nuestros padres, el Dios de Israel, el Dios de gloria, el Dios de esperanza, el Dios de paz y el Dios de las edades.

Él es el único Dios que es capaz de guardarnos sin caída, capaz de hacer mucho más de lo que podemos pedir o imaginar, capaz de presentarnos sin falta delante de su trono, capaz de hacer sobreabundar toda gracia para nosotros de manera que en todo tiempo —teniendo todo lo necesario— abundemos en toda buena obra.

Es nuestro mejor pensamiento de día y de noche.

En Salmos 77, Asaf continuó:

Santos, oh Dios, son tus caminos; ¿qué dios hay tan excelso como nuestro Dios? Tú eres el Dios que realiza maravillas; el que despliega su poder entre los pueblos. (vv. 13-14)

Al reflexionar en esto, Asaf recordó la separación del Mar Rojo:

Las aguas te vieron, oh Dios [...] el propio abismo se estremeció con violencia [...] Te abriste camino en el mar; te hiciste paso entre las muchas aguas, y no se hallaron tus huellas [...] guiaste como un rebaño a tu pueblo. (vv. 16, 19-20)

Como escribí en mi libro *The Red Sea Rules* [Las reglas del Mar Rojo], Asaf se dio cuenta de esto: «El Mar Rojo puede ir y venir ante nosotros; el desierto puede atraparnos; el enemigo puede ir pisándonos los talones. El pasado puede parecer improbable y el futuro, imposible, pero Dios obra en formas que no podemos ver [...] Dios siempre hará una senda para sus hijos cansados, pero aun así confiados, incluso si para ello debe dividir el mar».[1]

Para cuando llegamos al siguiente salmo, Asaf se ha recobrado de su terrible noche, y sus meditaciones personales se han convertido en un sermón público. Salmos 78 inicia:

Pueblo mío, atiende a mi enseñanza; presta oído a las palabras de mi boca [...] hablaremos a la generación venidera del poder del SEÑOR. (vv. 1-4)

Piense en estas cosas

El apóstol Pablo sabía cómo estar en el consejo de Dios. Amo sus meditaciones en el libro de Filipenses, escribió mientras estaba encarcelado, encadenado, privado de lo necesario, separado de sus seres amados, e inseguro acerca de su futuro. Con todo, esta pequeña carta a la iglesia de Filipos resuena con brillantez, alegría, satisfacción, visión, entusiasmo, confianza y acción de gracias. Su actitud fue determinada por su pensamiento, y su pensamiento fue formado al meditar en las verdades del Dios al que servía. Él les aconsejó a los filipenses:

> Por último, hermanos, consideren bien todo lo verdadero, todo lo respetable, todo lo justo, todo lo puro, todo lo amable, todo lo digno de admiración, en fin, todo lo que sea excelente o merezca elogio. Pongan en práctica lo que de mí han aprendido, recibido y oído, y lo que han visto en mí, y el Dios de paz estará con ustedes. (Filipenses 4:8-9)

Esta es la experiencia universal del pueblo de Dios y la infalible práctica de los héroes bíblicos desde Génesis hasta Apocalipsis. Nuestras presiones nos llevan a sus principios. Sus principios nos dirigen a su persona. Al meditar en sus principios y su persona, perseveramos a través de nuestras luchas y llegamos a la alabanza. Entonces tenemos un mensaje para predicarles a otros.

Hoy es difícil hallar zonas tranquilas para meditar en sus promesas. Sin embargo, los momentos de meditación son necesarios para restaurar nuestra alma, como Asaf lo descubrió en esa terrible noche hace mucho tiempo y como Pablo lo aprendió en la oscuridad de su celda.

Tenemos que procesar nuestras emociones, lo cual lleva tiempo; pero la meditación bíblica tiene una forma de llevar nuestra atención de los problemas que enfrentamos al rostro del Dios al que servimos. La meditación bíblica es terapia para el alma, medicina del cielo. Y a través de este proceso llegamos a entender la buena voluntad de Dios, agradable y perfecta.

> La meditación bíblica tiene una forma de llevar nuestra atención de los problemas que enfrentamos al rostro del Dios al que servimos.

Así que aprenda a permanecer en el consejo del Señor. Es el privilegio más exclusivo del universo. La Biblia dice: «Tenemos acceso» (Romanos 5:2). Debido a Cristo, a usted nunca le será negada la entrada, y su biblioteca nunca cierra. Piense en estas cosas, medite en ellas, y Salmos 119:105 será verdad para usted:

Tu palabra es una lámpara a mis pies; es una luz en mi sendero.

Para descargar gratis una guía de estudio grupal de este libro, así como guías de meditación personal en audio, visite www.robertjmorgan.com/meditation.

TÉCNICAS PARA UNA MEDITACIÓN EFECTIVA

Temblad, y no pequéis;
Meditad en vuestro corazón estando en vuestra
cama, y callad. *Selah*

—Salmos 4:4 (rvr1960)

Después de treinta y seis años como pastor principal, reciente-mente le dije a mi iglesia que necesitaba un cambio de rol. No estaba renunciando ni retirándome, pero mis circunstancias no me permitían más llevar toda la carga del liderazgo.

El sábado antes de hacer el anuncio me sentía nervioso. No sabía cómo iba a reaccionar la gente, y tenía un nudo en el estómago. Esa tarde encontré un lugar donde pudiera reclinarme, cerrar los ojos, respirar rítmicamente y recitarme las Escrituras a mí mismo. Recité un pasaje tras otro, recorriendo mis versículos de memoria. Mi nerviosismo comenzó a desaparecer como las hojas de un árbol en otoño, y al siguiente día me encontraba de pie en el púlpito tan relajado como si estuviera parado en mi propio jardín trasero con mis nietos.

Para mí, la meditación es así de sencilla, algo que debe ser incorporado a nuestros días como un hilo de oro a un tapiz. En este capítulo, quiero darle ejemplos concretos para animarlo a elaborar sus propios métodos de meditación bíblica.

Medite cuando esté despierto

Recientemente asistí a un evento en Washington, D.C., y conocí al ganador del Premio Nobel de la Paz, Lord David Trimble, quien ayudó a negociar el Acuerdo de Belfast el Viernes Santo de 1998. Durante uno de los recesos, hablé con él acerca de la meditación, y sin dudarlo me contó que él también medita de una forma definitiva en dos ocasiones. La primera es cuando asiste a su iglesia presbiteriana los domingos por la mañana, porque, dijo, escucha atentamente mientras las Escrituras se explican en su contexto. El sermón semanal de su pastor apoya su estudio personal de la Biblia y su meditación para la siguiente semana.

Luego, dijo Trimble, cuando se despierta cada mañana, descansa en su cama mientras la luz del sol se filtra hacia la habitación. Piensa, ora y reflexiona. Reflexiona acerca de su día, buscando guía para sus compromisos. Sus mejores ideas, me aseguró, llegan a él antes

Consejo rápido: mantenga una Biblia con usted y léala aun en las ocasiones más extrañas. El otro día, en el lago, vi sentado bajo una sombrilla durante su descanso a un joven salvavidas, el cual estaba sumergido en un libro con un resaltador. Resulta que estaba estudiando el libro de Daniel, empapándose del mensaje de la Biblia de la misma manera en que la gente a su alrededor estaba llenándose de sol. Es práctico tener una versión electrónica en su dispositivo móvil, pero algunas veces, la anticuada página impresa nos da una sensación literal de la Palabra.

de siquiera levantarse. En el momento en que lo hace, está listo para zambullirse en el día con energía y entusiasmo.

Samuel Logan Brengle dijo: «Si usted quiere redimir el tiempo, comience en el momento en el que abra sus ojos por la mañana. No deje que se alojen por un instante pensamientos ociosos, tontos o hirientes, sino comience de inmediato a orar y alabar a Dios y a meditar en su gloria, bondad, fidelidad y verdad, y su corazón pronto arderá dentro de usted y burbujeará de gozo».[1]

Este era el hábito del autor de Salmos 143:8:

> Por la mañana hazme saber de tu gran amor, porque en ti he puesto mi confianza. Señálame el camino que debo seguir, porque a ti elevo mi alma.

Iniciar la mañana con incluso unos pocos minutos de tranquila meditación bíblica establece el tono para el resto del día. No obstante, en nuestra vida ocupada y ajetreada incluso esos pocos momentos pueden escabullírsenos mientras nos apresuramos a comenzar la lista de actividades del día. De hecho, he leído que la mayoría de las personas pasan poco tiempo pensando; y cuando lo hacen, es mientras se duchan, conducen o hacen ejercicio. Y en realidad, la ducha de la mañana es un excelente tiempo para meditar. A menos que tenga altavoces a prueba de agua, lo más probable es que esté libre de ruido. A menos que se duche en el gimnasio, probablemente disfruta de privacidad. El jabón, el champú, el agua caliente y el vapor crean una zona perfecta de meditación si tiene la intención de hacerlo; de otro modo, su mente se irá hacia algún problema, cita, obligación o irritación. Sin embargo, intente esto: mañana lleve un versículo de la Biblia hacia la ducha junto con su jabón y su toallita. Enjuague su mente. Entrénese para reflexionar en una verdad de las Escrituras mientras se restriega y se lava.

Medite durante el tiempo diario con el Señor

Cuando le pregunté a la maestra de Biblia, Kay Arthur, cuándo meditaba, me dijo que su meditación está fundamentada en su estudio bíblico diario. «Algunas veces al leer mi Biblia durante mi devocional, me conmueve tanto una verdad o un hecho que he visto —que Dios es soberano sobre todas las circunstancias de la vida— que solo levanto mi Biblia abierta y la llevo a mi pecho, cierro mis ojos y le agradezco a Dios por hablarme».

«Cada vez que abro el Libro», continuó ella:

> Mañana lleve un versículo de la Biblia hacia la ducha junto con su jabón y su toallita. Enjuague su mente.

Estoy buscando las palabras que Dios escribió, por lo tanto, me estoy sumergiendo en la verdad de Dios. Permanezco sentada y escucho lo que Dios quiere decirme, y lo que quiere que sepa. Él me está dando el conocimiento que necesito, lo cual es algo de lo que Pablo habló una y otra vez en su segunda epístola: «Que abunden en ustedes la gracia y la paz por medio del *conocimiento* que tienen de Dios y de Jesús nuestro Señor. Su divino poder, al darnos el *conocimiento* de aquel que nos llamó por su propia gloria y excelencia, nos ha concedido todas las cosas que necesitamos para vivir como Dios manda [...] Precisamente por eso, esfuércense por añadir [...] *entendimiento* [...] Porque estas cualidades, si abundan en ustedes, los harán crecer en el *conocimiento* de nuestro Señor Jesucristo, y evitarán que sean inútiles e improductivos [...] Más bien, crezcan en la gracia y en el *conocimiento* de nuestro Señor y Salvador Jesucristo». [2 Pedro 1:2-8; 3:18, énfasis mío]

En mi libro, *Mastering Life Before It's Too Late* [Domine la vida antes de que sea demasiado tarde], dediqué una sección al estudio de la Biblia, la oración, la meditación y la planeación del día. Ya sea en la mañana, a medio día o en la noche, incorpore tiempo a su rutina diaria, encuentre su lugar tranquilo, lea la Palabra, absorba su conocimiento, y háblele a su Padre en lo secreto.

Medite mientras conduce

Un domingo de 1974, mi amigo Reese Kauffman de Child Evangelism Fellowship escuchó a un evangelista decir: «Mañana cuando conduzca hacia su trabajo, mueva su mano derecha y gire el botón hacia la izquierda y pase tiempo hablando con Dios». Reese se dio cuenta de que el evangelista estaba diciéndole a la multitud que apagara sus radios cuando condujeran al trabajo al día siguiente para que pudieran pasar tiempo en comunión con el Señor.

A la mañana siguiente, Reese subió a su Pontiac y apagó el radio. Pasó todo su trayecto hablando con el Señor y meditando en las Escrituras. Al final de la tarde, sintió que el día había sido distinto. Mientras caminaba hacia su auto para regresar a casa, decidió continuar el experimento.

«Después de todo», observa Reese, «el modo en el que el hombre llega a su casa por la noche establece el tono para su familia. Si atravesamos la puerta exhaustos y exasperados, y llevando las cargas del día, transferiremos eso a nuestra familia. No obstante, todo es diferente si conducimos a casa diciendo: "Ahora viene la parte más importante de mi día, estar con mi esposa, con mis hijos, voy a orar por eso"».

De esta forma, Reese aprendió a convertir el tiempo de su trayecto en un tiempo de comunión.[2]

Algunos de mis mejores tiempos para pensar tienen lugar al conducir. Si llevo conmigo mi bloc para escritura, algunas veces me subo al auto y conduzco por el circuito que rodea mi ciudad, pensando en el pasaje bíblico con el que estoy tratado. En algún lugar a lo largo del camino, inevitablemente me detengo y comienzo a hacer notas, porque las ideas frescas fluyen por mi mente.

Consejo rápido: enmarque
y cuelgue versículos de la
Biblia bellamente escritos
en las paredes de su casa.
Serán un recordatorio para
usted, una inspiración para
sus hijos y su familia, y un
testimonio silencioso para
sus visitantes.

Medite en el avión

Incluya material de meditación en su equipaje de mano cuando vuele. Algunas de mis mejores ideas han llegado a treinta y cinco mil pies de altura. A finales de la década de 1990, iba volando a casa desde Atenas, abrumado por la ansiedad. Me encontraba en el asiento de la ventana y, gracias a Dios, no tenía compañero de asiento. Bajé la bandeja plegable, saqué mi bloc de notas y mi Biblia, y retomé mi lectura regular de la Biblia del día anterior. Estaba en Éxodo 14, la historia de los israelitas y el Mar Rojo. Mi meditación se derramó en mi bloc de notas, y de esa experiencia surgieron diez reglas personales para manejar las dificultades: *las reglas del Mar Rojo*.

Vuelo con cierta frecuencia, y usualmente ocupo un asiento de ventana en clase turista. No obstante, si tengo mis audífonos con sonido de olas de mar, mi Biblia y mi pequeño cuaderno, puedo a menudo usar las alturas para pensar en pasajes bíblicos y meditar en un plano más alto, por así decirlo.

Medite cuando cierre por un momento los ojos

Cuando era emperador, Napoleón a veces se estiraba en el sofá cerca de la chimenea y parecía estar dormitando. Sin embargo, sus ayudantes pronto se percataron de que estaba meditando. Él explicó:

Si siempre parezco estar listo para todo, para enfrentar cualquier cosa, es porque nunca emprendo nada sin primero haberlo meditado por un largo tiempo y anticipado lo que pueda pasar. No es un genio, sino la meditación, lo que repentinamente me revela, en secreto, lo que debo decir o hacer bajo circunstancias no anticipadas por otros.[3]

Tal como Napoleón meditaba en sus batallas, debemos meditar en nuestra Biblia. A menudo antes de cumplir con una obligación, me estiro en el sofá, cierro mis ojos, y dejo que mi mente revise las Escrituras que he estado estudiando. Parece prepararme para lo que venga.

Medite cuando contemple la gloria de la creación de Dios

Rosalind Goforth, misionera en China, escribió acerca de las caminatas por el campo con su anciano padre, que era un artista. Una tarde él se detuvo y arrancó una sola violeta.

Permaneció examinándola por tanto tiempo que me impacienté y dije: «Padre, querido, vamos». Gentilmente, colocó su protectora mano sobre la mía y dijo, casi en tono de asombro: «¡Hija, solo mira la exquisita belleza de esta pequeña flor, su color y diseño! ¡Qué maravillosa es!». Cuando comenzamos a caminar, exclamó con profundo sentimiento, hablando para sí: «¡Qué maravilloso artista es Dios!».[4]

No tenemos que viajar a un parque nacional o caminar junto al Sendero de los Apalaches para meditar en las maravillas de la creación de Dios. Una sencilla flor servirá si tan solo nos tomáramos el tiempo para oler las rosas, considerar los lirios, escuchar los grillos y absorber las puestas de sol.

Medite cuando camine

En su libro *Mientras escribo*, el novelista Stephen King describió un proyecto particular que le causó muchos trastornos. Él no podía resolver un asunto difícil con la trama de una de sus historias, y casi se rindió. Sin embargo, en vez de abandonar la novela, comenzó a dar largas caminatas. «Pasé esas caminatas aburrido y pensando en mi gigantesco despilfarro de un manuscrito», dijo.

> Durante semanas no fui a ningún lado en mi pensamiento, parecía demasiado difícil [...] le di vueltas al problema una y otra vez, lo golpeé con mis puños, me rompí la cabeza contra este [...] y luego un día cuando no estaba pensando en nada, la respuesta llegó a mí. Llegó completa —envuelta como un regalo, podría decirse— en un solo destello brillante. Corrí a casa y anoté todo en un papel, la única vez que he hecho algo así, porque estaba aterrado de olvidarlo.[5]

No soy fan de las novelas del señor King, pero soy fan de su método de dar caminatas para meditar. Como mencioné antes, muchos pensamientos rebotan en mi cerebro mientras mis pasos deambulan por los verdes senderos o junto a las veredas de la montaña.

Medite cuando se sienta solo

Samuel Logan Brengle viajaba incesantemente por el Señor y a menudo se encontraba en habitaciones de hotel vacías por la noche. «Soy un hombre solitario», escribió.

> ... y con todo, no estoy solo. Con mi Biblia abierta vivo con los profetas, sacerdotes y reyes; camino y tengo comunión con los apóstoles, santos, mártires y con Jesús, y mis ojos ven al Rey en su hermosura y la tierra que está lejos. [...] Mi lectura diaria me ha llevado a la compañía de grandes profetas —Isaías, Jeremías, Ezequiel, Oseas, Miqueas, Malaquías y otros— y vivo nuevamente con ellos en medio de la vida palpitante, tumultuosa y abarrotada de Jerusalén, Samaria, Egipto y Babilonia. Esos profetas son viejos amigos míos. [...] Me han bendecido miles de veces, han encendido en mí el llameante celo de la justicia, su desprecio por la mezquindad, la duplicidad, el orgullo y la mundanalidad. [...] He vivido por muchos años con San Pablo. Mucho más constante e íntimamente de lo que vivió y viajó con su amigo Bernabé y sus jóvenes asistentes, él ha vivido, viajado, dormido y hablado conmigo.

El hábito de la meditación de Brengle consistía en encontrar versículos en la mañana como textos para el día y pensar en ellos durante la jornada completa. Su biógrafo lo comparó con un hombre que rellena sus bolsillos con bocadillos para disfrutarlos a lo largo del día.[6]

Medite cuando se despierte por la noche

Salmos 119:148 dice: «En toda la noche no pego los ojos, para meditar en tu promesa».

¿Es eso cierto para usted a veces?

Anoche yo estaba muy desanimado mientras me preparaba para dormir, y anoté unas pocas palabras lastimeras en mi diario. Ahora las estoy viendo. «Estoy desanimado y abrumado», había escrito. «Trabajé gran parte del día en un proyecto, y realicé una caminata de seis millas por los senderos para reflexionar en ello, pero no lo pude terminar. Atascado. Preocupado de no estar pasando suficiente tiempo con los nietos. Cansado. Señor, necesito ayuda».

Luego hojeé Salmos 121 en las páginas de mi mente y mi pensamiento. Resolví dormir pensando en ese salmo. Recuerdo haber despertado varias veces, citando: «A las montañas levanto mis ojos; ¿de dónde ha de venir mi ayuda? Mi ayuda proviene del Señor, creador del cielo y de la tierra» (vv. 1-2). Mi humor estaba considerablemente mejor esta mañana.

Dawson Trotman, fundador de los Navegantes, creía que el último pensamiento prevaleciente en la mente consciente antes de ir a dormir debe ser alguna porción de la Palabra de Dios. Le llamó a esto su Principio de SPUP (Su Palabra la Última Palabra). Él sentía que la última idea dominante herviría en el subconsciente y se convertiría en el primer pensamiento al levantarse.[7]

Estos son algunos de los consejos y técnicas que he hallado útiles; usted puede ciertamente agregar las suyas. La meditación es muy personal y práctica. Puede practicarla cuando quiera, donde quiera y como le guste. Esencialmente es hallar momentos tranquilos para reflexionar en el Señor y su Palabra, y realinear su pensamiento de manera que se corresponda con la verdad de Dios.

> El último pensamiento prevaleciente en la mente consciente antes de ir a dormir debe ser alguna porción de la Palabra de Dios.

Meditamos mientras oramos, mientras cantamos alabanzas a Dios, mientras adoramos, mientras testificamos, mientras componemos canciones, sermones, artículos o lecciones bíblicas, mientras hablamos con otros acerca de la Palabra de Dios, mientras escuchamos, mientras nos deleitamos en la Palabra del Señor día y noche.

Quien aprende a hacer esto —alguien como usted— será «como el árbol plantado a la orilla de un río que, cuando llega su tiempo, da fruto y sus hojas jamás se marchitan» (Salmos 1:3).

Salmos 1 comienza con la palabra perfecta que describe a tal persona: *¡dichoso!*

Para descargar gratis una guía de estudio grupal de este libro, así como guías de meditación personal en audio, visite www.robertjmorgan.com/meditation.

HALLE EL ÉXITO DE DIOS A LA

MANERA DE DIOS

Los que temían al SEÑOR hablaron entre sí,
y él los escuchó y les prestó atención.
Entonces se escribió en su presencia
un libro de memorias de aquellos
que temen al SEÑOR y honran su nombre.

—MALAQUÍAS 3:16

El libro clásico de J. I. Packer, *El conocimiento del Dios santo*, fue publicado cuando yo era un estudiante universitario maleable, y sus palabras moldearon mi mente como barro. Al leerlo, me di cuenta de que mientras es vital forjar doctrinas verdaderas y convicciones sólidas, no debemos ser simplemente creyentes académicos de Dios o su Palabra. Aprendemos *la verdad de Dios* de modo que podamos conocer mejor *al Dios de la verdad*, y una forma primordial en la que eso sucede es a través de la meditación.

Packer escribió:

> ¿Cómo podemos convertir nuestro conocimiento *acerca* de Dios en conocimiento *de* Dios? La regla para hacerlo es exigente, pero sencilla. Es que convirtamos cada verdad que aprendemos acerca de Dios en un tema de meditación ante Dios, llevándonos a la oración y la alabanza a Dios.[1]

Casi al tiempo que estaba leyendo el libro de Packer, me percaté de algo en mi propio estudio de la Biblia, y ello me convenció de que mi vida sería un éxito garantizado si aprendía y practicaba este hábito de la meditación bíblica. Eso no es tan presuntuoso como suena. Incluso como joven adulto, conocía que el punto de vista de Dios del éxito puede no ser equivalente a la fama, la fortuna o el prestigio. Yo era un joven tímido, batallando con la baja autoestima y mal preparado para la edad adulta, el matrimonio o una carrera significativa. Con todo, mi estudio de tres pasajes especiales de la Biblia me persuadió de que el éxito —como Dios lo definió— estaba disponible y era, ciertamente, inevitable si solo abrazaba el arte perdido de la meditación bíblica.

Quiero mostrarle esos tres pasajes. Los hallará cerca del inicio, en el medio y cerca del final de la Biblia.

Mandamientos y promesas

El primer pasaje es Josué 1:8:

> «Recita siempre el libro de la ley y medita en él de día y de noche;
> cumple con cuidado todo lo que en él está escrito. Así prosperarás y
> tendrás éxito».

Este versículo contiene tres mandamientos y dos promesas. Los mandamientos: (1) debemos recitar las Escrituras (leyéndolas, hablándolas y citándolas); (2) debemos meditar en ellas de día y de noche; y (3) debemos ponerlas en práctica, siendo cuidadosos de hacer lo que dicen.

Las promesas: (1) entonces usted será próspero y (2) tendrá éxito.

Dios se le apareció a Josué después de la muerte de Moisés para decirle cómo dirigir a los israelitas hacia la tierra prometida. Este era un tiempo de dramática transición. Había batallas por venir, y los israelitas estaban al borde del cumplimiento de un sueño que se remontaba a los días de Abraham. Se encontraban a punto de ocupar su patria prometida por Dios.

¿Qué tipo de entrenamiento le dio Dios a Josué? En este momento crítico, ¿qué discusiones hubo?

«Ellos no discutieron estrategias militares o planes de batalla en esta rara reunión», escribió David Saxton. «En vez de eso, el Señor le dijo a Josué que su mayor necesidad era vivir meditando en la Palabra de Dios».[2]

Si lo piensa, tiene todo el sentido. Nuestras mentes caídas son vanas. Sin el conocimiento que viene de Dios y su Palabra, nuestros pensamientos nunca salen realmente del sótano de la vida. Cuando aprendemos a meditar día y noche en las Escrituras, Dios usa esa práctica para rediseñar nuestro cerebro. La meditación eleva nuestro estado de ánimo. Nos llena de los pensamientos de Dios, los cuales son siempre exitosos. Comenzamos a ver las cosas como él las ve, e inevitablemente el resultado es el éxito.

Sin embargo, este es un éxito según Dios lo define. Una vida gozosa que rinde fruto. Propósito. Perseverancia. Amabilidad. Fidelidad. Devoción. Entusiasmo. Santidad. Esperanza. Vida eterna. Amistad con Dios.

Todo lo que hace, prosperará

El segundo pasaje es Salmos 1, el cual casi seguramente David lo escribió como una clase de pintura verbal de Josué 1:8. El mismo comienza:

> Dichoso el hombre que no sigue el consejo de los malvados, ni se detiene en la senda de los pecadores ni cultiva la amistad de los blasfemos, sino que en la ley del SEÑOR se deleita, y día y noche medita en ella. Es

como el árbol plantado a la orilla de un río que, cuando llega su tiempo, da fruto y sus hojas jamás se marchitan. ¡Todo cuanto hace prospera! (vv. 1-3)

Observe el mandamiento similar: la persona dichosa es la que medita en la ley del Señor día y noche.

Observe la promesa similar: todo cuanto hace, prosperará. La diferencia está en la imaginería, y esto expone un punto importante: la imaginería es un componente crítico de la meditación. Dios nos dio una mente capaz de imaginar, capaz de soñar, de inventar, de fantasear, de ver imágenes y retratos y películas en nuestra cabeza. Podemos pintar y colgar pinturas en las paredes de nuestra mente.

Por naturaleza, nuestro cerebro elige garabatear grafitis sin valor, pero la meditación colorea y llena nuestra mente con obras maestras. Si aprovechamos el poder de la imaginación, podemos alcanzar cosas extraordinarias.

En determinado nivel, los mejores atletas de la actualidad saben esto, por lo que los equipos deportivos más importantes contratan psicólogos. La estrella brasileña de fútbol, Pelé, atribuyó mucho de su éxito a visualizar los juegos por anticipado. Antes de cada juego, Pelé llegaba al estadio más temprano de lo necesario. Encontraba

> Por naturaleza, nuestro cerebro elige garabatear grafitis sin valor, pero la meditación colorea y llena nuestra mente con obras maestras.

un lugar tranquilo, se acostaba, cubría sus ojos con una toalla, y miraba una especie de película mental de su vida. Se veía a sí mismo como un niño jugando fútbol en la playa. Sentía el sol sobre su espalda y la brisa en su cabello. Repasaba algunos de sus más grandiosos momentos en el deporte, permitiéndose sentir y disfrutar su intensidad como si estuvieran ocurriendo en tiempo real.

Luego se veía a sí mismo corriendo hacia el juego de ese día, viendo a las multitudes, escuchando los vítores y observándose jugar con el máximo rendimiento, driblando, pateando, lanzando, corriendo, anotando. Para el momento en el que Pelé trotaba hacia el campo, ya había ganado el juego en su mente.[3]

Creo que David aplicó una imaginación similar con respecto a Josué 1. Quizá un día, mientras vigilaba sus rebaños, se sentó sobre una roca y reflexionó en Josué 1:8, el cual probablemente había memorizado. Pudo haber pensado para sí mismo: *Josué fue un gran líder de Israel, y Dios tiene un llamado similar para mí. Tal como Josué necesitó aprender de la meditación, yo también lo necesito. Estas palabras son tanto para mí como para él. Ahora bien, en mi propia mente, ¿cómo las veo? ¿Cómo me las imagino? ¿Cómo se ve Josué 1:8 en el lienzo de mi imaginación?*

En la distancia había un árbol junto al río, con sus raíces en la corriente, profundizándose, encontrando lugares húmedos que nunca se secarían. Quizá David reflexionó sobre el verso y sobre el panorama, y en Salmos 1 nos dio su pintura de Josué 1.

Ley perfecta

El escritor del Nuevo Testamento, Santiago, no era tan extenso en sus comentarios como David. Él era más directo. Su libro se parece más al libro de Proverbios que al de Salmos. Sin embargo, Santiago conocía tanto Josué 1 como Salmos 1, y quiso declarar la misma verdad en su forma más simple. De modo que nos dio Santiago 1:25:

> Pero quien se fija atentamente en la ley perfecta que da libertad, y persevera en ella, no olvidando lo que ha oído, sino haciéndolo, recibirá bendición al practicarla.

Mientras nos fijamos atentamente en la Palabra de Dios —tal como Pedro asomado hacia la tumba de Cristo—, mientras la vemos, la buscamos y nos sometemos a ella, seremos bendecidos en lo que hacemos. Seremos prósperos y exitosos. Seremos como árboles plantados junto a corrientes de aguas que dan su fruto a su tiempo.

Cuando lea un versículo en su Biblia, haga una pausa para pensar en él por un momento. Observe cada palabra. Subraye. Circule. Añada signos de exclamación o interrogación. Lea enfatizando cada palabra a su vez. Examínelo en una traducción diferente. Anótelo en su agenda u organizador. Lléveselo con usted y piense en él a lo largo del día y la noche. Píntelo como si levantara el pincel de un artista.

Estos tres pasajes, los cuales descubrí en un dormitorio universitario hace más de cuarenta años, se convirtieron en el consuelo de mi vida. No creía poder ser exitoso por mí mismo, pero pensé que al menos podía seguir esta sencilla fórmula. Podía mantener la Palabra de Dios en mi mente al leerla diariamente, estudiarla con regularidad y memorizar versículos selectos. Podía entrenar mi mente para meditar en ella cuando me despertara, mientras caminaba a lo largo del día, mientras la tarde descendía y cuando me despertaba durante la noche. Con la ayuda de Dios, podía intentar obedecerla. Esa fue mi parte, y el resto —el éxito, la prosperidad, la productividad y las bendiciones— fueron las promesas de Dios y representaron su parte en esta ecuación.

No voy a presumir al decirle que soy una persona exitosa; a menudo siento una gran sensación de fracaso. Sin embargo, sé que soy más exitoso en las cosas que le importan a Dios de lo que sería si nunca hubiera encontrado a Josué 1, Salmos 1 y Santiago 1.

Usted también lo será.

Dios quiere impartir el éxito del cielo en su vida terrenal. Quiere que termine la obra que él le asignó. Quiere que confíe en él a través de las dificultades, que se regocije en medio de las pruebas y a lo largo de los senderos de la vida, que enfrente cada día con un corazón feliz, y que termine cada noche con una nota de alabanza.

Dios quiere proveer para sus necesidades, guiar sus caminos, bendecir su hogar y usar su testimonio. Él promete hacer que todas las cosas les ayuden a bien a todos los que lo aman, incluso aunque

Consejo rápido: mantenga una lista de recuerdos bíblicos (un conjunto de tarjetas de notas, algunas páginas en su diario o una aplicación en su teléfono). De esa forma puede revisarlos a menudo e introducir los versículos en su cerebro como los clavos entran firmemente en la madera. Algunos versículos vale la pena mantenerlos cerca de usted para toda la vida.

usted no pueda imaginarse cómo. Quiere contestar sus oraciones con sus respuestas únicas. Y cuando su trabajo en la tierra esté terminado, quiere llevarlo a su hogar en el cielo, a una ciudad con cimientos cuyo constructor y hacedor es Dios, a mansiones preparadas para usted. Y ahí será capaz de adorarlo por toda la eternidad, disfrutar de él para siempre, estar con aquellos que ama y que lo aman, y servir a su Salvador sin que haya un final.

> Él promete hacer que todas las cosas les ayuden a bien a todos los que lo aman, incluso aunque usted no pueda imaginarse cómo.

Yo a eso le llamaría éxito, y vale la pena meditar en ello.

Para descargar gratis una guía de estudio grupal de este libro, así como guías de meditación personal en audio, visite www.robertjmorgan.com/meditation.

GUARDE LA PALABRA DE DIOS EN SU CORAZÓN AL MEMORIZAR LAS ESCRITURAS

Meditaré en todas tus obras, y hablaré de tus hechos.

—Salmos 77:12 (rvr1960)

*H*e escuchado miles de sermones en mi vida, pero pocos iguales al que escuché del contralmirante Barry C. Black, capellán del Senado de los Estados Unidos. Su tema fue «Algo a lo cual aferrarse».

Black, uno de ocho hijos, creció en un peligroso vecindario de Baltimore en el que los narcotraficantes rondaban las calles, las prostitutas deambulaban en las esquinas, y el rugido de los disparos en staccato se acentuaba los fines de semana. Un día, la madre de Black llegó a Cristo durante una reunión evangelística que incluyó doce semanas consecutivas de instrucción bíblica. Cuando fue bautizada, estaba embarazada; y mientras era sumergida en el agua, le pedía al Señor que bautizara a su hijo aún no nacido con el Espíritu Santo.

Ese hijo era Barry, y él nunca conoció un tiempo en el que no quisiera servir al Señor. Como escribió en *From the Hood to the Hill* [Del vecindario a la colina], su madre era estricta en cuanto a que sus hijos memorizaran tanto de la Biblia como fuera posible y les ofrecía una moneda de cinco centavos por cada versículo. Barry interiorizó un vasto número de versículos. Al principio se especializó en los versículos más cortos y fáciles, como Juan 11:35: «Jesús lloró». Sin embargo, pronto comenzó a aprenderse tantos versículos que su madre cambió los términos del acuerdo a solo veinticinco centavos por semana.

No obstante, ninguna cantidad de dinero equivalió al valor de aquellos versículos en los años siguientes. Él nos contó cómo lo salvaron de ser un criminal, de la prisión y de desperdiciar su vida. A lo largo de toda su existencia le han dado «algo a lo cual aferrarse».

Mientras el Capellán Black nos predicaba, profirió todo un surtido de versículos de la Biblia en su mensaje como si los extrajera de la nada. Su mente estaba tan empapada de las Escrituras que estas permeaban su presentación y su personalidad. En sus comentarios finales para nosotros, dijo que fue la verdad de los versículos que había memorizado y reflexionado a lo largo de su vida lo que le dio *Alguien* al cual aferrarse.[1]

Consejo rápido: lea la Biblia en voz alta para usted mismo. Su mente les pondrá más atención a las palabras leídas oralmente y no tan solo en silencio.

Proverbios 10:14 declara: «El que es sabio atesora el conocimiento». La memorización de la Biblia es una gran ayuda para la meditación. No siempre resulta absolutamente esencial, porque podemos anotar los versículos, mantenerlos ante nuestros ojos y recordar la esencia de cada uno de ellos. Con todo, cuando me estiro en la hamaca, cierro mis ojos y medito, normalmente voy a pasajes que he memorizado.

- Deuteronomio 33:25
- Salmos 1
- Salmos 46
- Salmos 55:22 (y 1 Pedro 5:7)
- Salmos 100
- Salmos 121
- Salmos 139:16
- Proverbios 3:5-6
- Isaías 26:3-4
- Mateo 6:9-14
- Juan 14:1-6
- Romanos 8:28
- Romanos 15:13
- Filipenses 4:4-9

Y así otros por el estilo. La memoria es algo maravilloso, y la memorización constituye la manera en que conservamos nuestros mejores recuerdos. Puede volverse un poco más difícil aprender cosas de memoria a medida que envejecemos, pero infundir nuevo material en nuestra mente nos mantiene jóvenes. Cuando leo los libros de la Biblia y estudio sus párrafos, siempre encuentro versículos que quiero memorizar.

> La memoria es algo maravilloso, y la memorización constituye la manera en que conservamos nuestros mejores recuerdos.

Mi yerno, Joshua Rowe, me dijo que él medita usando un proceso de «memorización lenta». Él memoriza una sola palabra o una frase corta de un versículo cada día, pero esa porción se convierte en la Escritura que se lleva con él durante el día para la meditación.

Joshua también me contó de su abuelo, Duane Mayhew, un veterano de la Segunda Guerra Mundial, quien tomó mi libro acerca de memorizar las Escrituras, *Cien versículos bíblicos que todos debemos memorizar*, y memorizó los cien versículos antes de su muerte a los noventa y tres años. Estos versículos se convirtieron en su mayor fuente de meditación y consuelo durante sus días finales.

Tengo una técnica simple que me ayuda inmensamente. Esta emplea la grabadora de mi teléfono. Poseo una función en mi teléfono inteligente que trabaja como una grabadora, y es una herramienta efectiva para la memorización de las Escrituras.

Al hallar el pasaje que quiero memorizar (justo ahora estoy ocupado con Santiago 1:19-25) lo escribo a mano en mi pequeño cuaderno. Lo repito una y otra vez, una frase a la vez, día tras día. Luego comienzo a recitarlo en mi grabadora. Al escucharlo, veo lo que me ha faltado. He hallado que grabar y escuchar los versículos que quiero memorizar varias veces cada mañana es una tremenda ayuda para memorizar el pasaje lo suficiente bien como para repetírmelo a mí y a otros. Ese pasaje de Santiago 1 es particularmente significativo, porque dirigiéndose a los creyentes, el verso 21 dice: «Por esto, despójense de toda inmundicia y de la maldad que tanto abunda, para que puedan recibir con humildad la palabra sembrada en ustedes, la cual tiene poder para salvarles la vida».

Como creyente necesito alejar mis pensamientos de la inmundicia moral y el mal que predomina tanto. Necesito aceptar humildemente la palabra implantada: la palabra que es plantada en mi cerebro, la palabra que he recibido, y quizá memorizado. Necesito «fijarme atentamente» y «perseverar» en ella, no olvidando lo que he escuchado, sino haciéndolo. El que hace así, según promete Santiago, «recibirá bendición al practicarla» (Santiago 1:25).

Cuando memorizo, trato de no apresurarme. Me puede llevar varias semanas escribir un pasaje de las Escrituras en la tableta de mi memoria, pero el objetivo no es la velocidad. Pasé varios meses en los seis versículos de Salmos 150. No estoy seguro de por qué ese capítulo resultó tan difícil —creo que fue por la lista de instrumentos musicales— y todavía regreso y lo reviso periódicamente. Sin embargo, estoy feliz de haberlo aprendido, y debido a que lo reviso, nunca lo olvidaré. No hay mejor estímulo en la tierra que las palabras de Salmos 150, que comienza: «¡Aleluya! ¡Alabado sea el SEÑOR! Alaben a Dios en su santuario, alábenlo en su poderoso firmamento».

Me gustaría poder revivir sin ayuda de nadie el arte de la memorización en nuestros hogares e iglesias. No hay mayor legado para dejarles a nuestros hijos que un depósito de versículos memorizados a los cuales recurrir durante toda su vida.

> No hay mayor legado para dejarles a nuestros hijos que un depósito de versículos memorizados a los cuales recurrir durante toda su vida.

Seamos como Esdras, quien era «muy versado» en las Escrituras (Esdras 7:6):

La mano bondadosa de Dios estaba con él. Esdras se había dedicado por completo a estudiar la ley del SEÑOR, a ponerla en práctica y a enseñar sus preceptos y normas a los israelitas. (Esdras 7:9-10)

Pablo le dijo a Timoteo:

Desde tu niñez conoces las Sagradas Escrituras, que pueden darte la sabiduría necesaria para la salvación mediante la fe en Cristo Jesús. Toda la Escritura es inspirada por Dios y útil para enseñar, para reprender, para corregir y para instruir en la justicia, a fin de que el siervo de Dios esté enteramente capacitado para toda buena obra. (2 Timoteo 3:15-17)

La Biblia —cada palabra— es inspirada, cada promesa es confiable, cada versículo es un tesoro. No vivimos solo de pan, sino de cada palabra que sale de la boca de Dios.

Durante los oscuros días de la Segunda Guerra Mundial, el pintor Paul Maze estaba alarmado por el terror que barría Europa. Él escapó a Burdeos, huyendo de Francia a Inglaterra, y se asentó lleno de inquietud en Hampshire. Ahí, en su pequeña habitación, encendió su radio y escuchó los intrépidos discursos de Winston Churchill, cuyas palabras unieron al Imperio británico. Maze más tarde le escribió a Churchill, diciéndole: «Cada palabra que dijo fue como cada gota de sangre de una transfusión».[2]

Y así es para nosotros con la Biblia. Cada palabra es como una transfusión de fuerza, de paz, de sabiduría, de conocimiento acerca tanto de la vida diaria como de la vida eterna.

Para descargar gratis una guía de estudio grupal de este libro, así como guías de meditación personal en audio, visite www.robertjmorgan.com/meditation.

CONCLUSIÓN:

La meditación bíblica produce intimidad con
el Señor y un gozo profundo y duradero

Acérquense a Dios, y él se acercará a ustedes.

—Santiago 4:8

Cuando decidí trabajar en un libro acerca de la meditación bíblica, llamé a mi amigo, el Dr. Roy King, y le pregunté si podía pensar en un tiempo en el que la meditación bíblica verdadera y sostenida hubiera transformado su vida y sus pensamientos. Él me dijo:

Lo primero que me viene a la mente es una experiencia que tuve como estudiante en la década de 1970. Solo llevaba de casado un corto período de tiempo, y comencé a luchar con la depresión. Eso era nuevo para mí, porque nunca me había sentido deprimido antes y no sabía lo que estaba ocurriendo.

Soporté una serie de pruebas físicas, pero nada parecía estar mal. Sin embargo, me encontraba en un lugar muy oscuro, y luchaba cada día para levantarme y salir. Especialmente temía que mi matrimonio fuera a fracasar. Había crecido en un hogar disfuncional con una madre alcohólica que tenía problemas mentales. Nunca hablé de esas cosas, pero ahora me perseguían.

Finalmente me puse en contacto con mi mejor amigo, Ron Barker, que vivía en Texas. Lo llamé y le dije que estaba luchando en realidad. Ron me escuchó por un rato; luego dijo: «Está bien. Hay algo que quiero que hagas. Quiero que estudies Efesios 1:3-14 cada día. No leas nada más en la Biblia durante tu tiempo devocional. Permanece en ese pasaje. Léelo en distintas versiones. Resúmelo. Estudia cada palabra. Analízalo como si estuvieras de regreso en tu clase de gramática en la escuela secundaria. Piensa en él. Reflexiónalo. Permanece en Efesios 1 hasta que Dios lo haga real en tu corazón».

Roy continuó:

No tenía nada que perder, así que comencé a hacerlo, mecánicamente al principio. En realidad, no tenía el deseo de hacerlo, pero me mantuve en el pasaje. Lo copié en tarjetas, lo llevaba a todos lados, y lo leía cada día.

Mi esposa, Pandora, y yo tuvimos un bebé y nos mudamos a Asheville, Carolina del Norte. Una noche no podía dormir, así que me levanté —era la una o las dos de la mañana— y me senté en la sala de nuestro pequeño departamento. Encendí la lámpara junto a la mecedora, levanté mi Biblia y busqué Efesios 1.

Repentinamente el pasaje cobró vida como si se hubiera encendido. Era la obra de iluminación del Espíritu Santo. De súbito se hizo vivo, y comencé a ver lo que realmente significaba para mí, para mi personalidad, lo que significaba estar en Cristo y heredar todas las verdades que hay en esos versículos: el perdón, la redención, la adopción, ser sellado por el Espíritu Santo, las riquezas de su gracia. Nada de eso dependía de que yo fuera un hijo perfecto o de que intentara sanar el matrimonio de mis padres. Nada de eso era obstaculizado por mi trasfondo o mis antecedentes. Comencé a escribir en mi diario tan rápido como podía y lo hice hasta el amanecer. Había andado por ahí hablando acerca de mí mismo como si fuera un inútil, un fracaso. No obstante, esa noche era casi como si una voz dijera audiblemente: «Nunca debes llamarte a ti mismo inútil otra vez. Mira lo valioso que eres para mí y cuánto he hecho por ti y te he dado». Esa noche fue un punto de inflexión en mi vida. Esa noche aprendí el poder de la meditación bíblica.[1]

Estoy pidiéndole a Dios que use este pequeño libro para ayudarlo a recuperar el arte de la meditación bíblica y aprender sobre su poder. Permita que Dios cambie la manera en que piensa. Sus pensamientos no son los de usted, pero deberían serlo y pueden serlo —cada vez más y victoriosamente— a través de un compromiso para desarrollar la mente de Cristo.

La nuestra es una época trivial. Nuestros pensamientos son triviales, superficiales y vacíos. Sin embargo, Dios desea personas que vivan vidas santificadas en un mundo vano. La meditación bíblica es una forma clave de construir profundidad y sustancia en quienes somos y quienes vamos a ser. Somos transformados por medio de la renovación de nuestro entendimiento.

> Dios desea personas que vivan vidas santificadas en un mundo vano.

Comprométase con el señorío de Dios y estudie su Palabra diariamente, como las personas nobles de Berea en Hechos 17:11. Permita que su mente reflexione en las Escrituras mientras se levanta, examínelas cuando se va a la cama, piense en ellas a medida que avanza en su día y mientras descansa por la noche. Use la meditación bíblica para edificarse y tranquilizarse. Enséñeles a sus hijos a meditar. Comparta las verdades de este libro con otros y considere usarlo en un grupo de estudio. Comience a permanecer en el consejo de Dios y a caminar en su presencia.

Permítame terminar con estas palabras del Señor en Proverbios 7:1-3:

> Pon en práctica mis palabras
>> y atesora mis mandamientos.
> Cumple con mis mandatos, y vivirás;
>> cuida mis enseñanzas como a la niña de tus ojos.
> Llévalos atados en los dedos;
>> anótalos en la tablilla de tu corazón.

GUÍA DE MEDITACIÓN

DE DIEZ DÍAS

*C*ómo usar esta guía:

Basándome en el contenido de cada capítulo y la conclusión de *Recuperemos el arte perdido de la meditación bíblica*, he seleccionado diez pasajes para considerarlos con mayor detalle. Cada día, encuentre un lugar tranquilo sin interrupciones y trabaje en estos pasajes en las siguientes páginas, usando un plan basado en nuestra definición de meditación bíblica: reflexionar, personalizar y practicar la Palabra de Dios.

- **Reflexione:** Lea con atención el pasaje que se encuentra al inicio de cada página, tal vez en voz alta. Si tiene tiempo, le sugiero que lea el pasaje en todo su contexto. Imagine al Señor diciéndole estas palabras de forma personal. Dedique el tiempo para enfocar su atención en cada palabra y busque comprender lo que el pasaje significa.
- **Personalice:** Ahora considere lo que ese pasaje significa para usted. Lea meditativamente usando las viñetas que he provisto para anotar sus pensamientos. No piense en esto como un

ejercicio académico, sino como una reflexión personal. Permita que Dios le hable a su corazón mientras reflexiona en los versículos que le ha dado en las Escrituras. Si el Señor estuviera sentado junto a usted y le dijera estas palabras audiblemente, ¿qué versículo, frase, palabra, mandamiento o promesa lo afectaría más profundamente?

- **Practique:** Al final de su tiempo, anote ese versículo o frase para llevárselo con usted durante el día. Puede escribirlo en una tarjeta de notas, en una página de su calendario, o en un lugar fácilmente accesible en su teléfono. Revíselo todo el día, mientras se ducha, conduce, camina, trabaja o descansa. Piense en el mismo mientras va a dormir esta noche. Intente compartirlo con alguien. Póngalo en práctica y haga lo que dice.

Diez pasajes, diez minutos, diez días... y pronto estará meditando en las Escrituras de Génesis a Apocalipsis, día y noche. El secreto es permitir que los versículos de la Biblia circulen por su mente como el agua en una fuente. Mientras escucha la voz de Jesús a través de la meditación en su Palabra, hallará verdadera paz en él.

Nunca se apartará de tu boca este libro de la ley, sino que de día y de noche meditarás en él, para que guardes y hagas conforme a todo lo que en él está escrito; porque entonces harás prosperar tu camino, y todo te saldrá bien.

Josué 1:8 (RVR1960)

Guía de meditación para el capítulo 1

Romanos 12:1-2
[Para una meditación más completa, lea Romanos 12:1-8]

1. Reflexione

Por lo tanto, hermanos, tomando en cuenta la misericordia de Dios, les ruego que cada uno de ustedes, en adoración espiritual, ofrezca su cuerpo como sacrificio vivo, santo y agradable a Dios. No se amolden al mundo actual, sino sean transformados mediante la renovación de su mente. Así podrán comprobar cuál es la voluntad de Dios, buena, agradable y perfecta.

2. Personalice

Por lo tanto, hermanos, tomando en cuenta la misericordia de Dios, les ruego que cada uno de ustedes, en adoración espiritual, ofrezca su cuerpo como sacrificio vivo, santo y agradable a Dios.

Contemple la palabra «ruego». ¿Puede pensar en alguna ocasión en la que alguien le «rogó» que hiciera (o no hiciera) algo? ¿Cómo se sintió? ¿Qué le está rogando este versículo que haga? Piense en su cuerpo. ¿De qué manera puede este convertirse en «sacrificio vivo»? ¿Qué significa eso para usted?

No se amolden al mundo actual...

¿Puede pensar en formas en las que se está conformando a este mundo? Si usted fuera un barco, ¿algún agua se filtraría por el casco, o es su vida moral y espiritualmente a prueba de agua? ¿Hay alguna mundanalidad introduciéndose en sus hábitos?

...sino sean transformados mediante la renovación de su mente.

Reflexione en las tres palabras significativas de este versículo: transformados, renovación, mente. Visualice su cerebro. ¿Qué pasaría si Dios lo «transformara»?

Así podrán comprobar cuál es la voluntad de Dios, buena, agradable y perfecta.

Esto indica que Dios tiene un plan para su vida. ¿Cuáles son las condiciones para descubrirlo? ¿Describen acertadamente su vida estos dos versículos?

3. Practique

Anote un versículo o frase de este pasaje para llevar con usted el resto del día y repetírsela a sí mismo. Para mí, esta fue: «Ofrezca su cuerpo como sacrificio vivo». Ese es un mandamiento y es visual. En el Antiguo Testamento, los sacrificios se mataban, pero yo debo ofrecer mi cuerpo como un «sacrificio vivo». Esa frase es digna de meditarse todo el día.

_____

_____

_____

_____

_____

_____

_____

_____

_____

_____

_____

_____

_____

_____

_____

_____

_____

_____

_____

_____

_____

_____

_____

_____

_____

_____

_____

_____

_____

Guía de meditación para el capítulo 2

Santiago 3:17
[Para una meditación más completa, lea Santiago 3:13-17]

1. Reflexione

En cambio, la sabiduría que desciende del cielo es ante todo pura, y además pacífica, bondadosa, dócil, llena de compasión y de buenos frutos, imparcial y sincera.

2. Personalice

En cambio, la sabiduría que desciende del cielo...

Halle una forma de visualizar la sabiduría, quizá como un libro o un brillante, o una biblioteca completa, o una paloma, o un rayo. Véala descender del cielo, bajando, lista para conectarse con su mente. Si usted fuera golpeado por el rayo de la sabiduría de lo alto, ¿cómo iluminaría este su vida? Las siguientes palabras sugieren una respuesta.

...es ante todo pura...

¿Hay áreas de impureza en su vida? ¿Cómo trataría la sabiduría de lo alto con esas áreas?

...y además pacífica...

¿Ha tenido algunos conflictos últimamente? ¿Qué tan diferente los hubiera manejado usted con la sabiduría de Dios?

...bondadosa...

Revise cómo ha tratado a la gente hoy. ¿Usarían esta palabra para describirlo?

...dócil...

¿Cuándo fue la última vez que mostró una actitud dócil en una situación?

...llena de compasión y de buenos frutos, imparcial y sincera.

¿Cuál de estos términos lo describe mejor? ¿Cuál lo describe menos?

3. Practique

¿Qué parte de este pasaje le parece el más significativo hoy? Anótelo y manténganse pensando en ella a lo largo del día y la noche. ¿Cómo puede traducirlo empleando otro grupo de actitudes o acciones?

_____

_____

_____

_____

_____

_____

_____

_____

_____

_____

_____

_____

_____

_____

_____

_____

_____

_____

_____

_____

_____

_____

_____

_____

_____

_____

_____

_____

_____

_____

_____

_____

_____

_____

_____

_____

_____

_____

_____

_____

_____

_____

_____

_____

_____

_____

_____

_____

_____

_____

_____

_____

_____

_____

_____

_____

_____

_____

_____

_____

Guía de meditación para el capítulo 3

2 Pedro 1:3-4
[Para una meditación más completa, lea 2 Pedro 1:1-11]

1. Reflexione

Su divino poder, al darnos el conocimiento de aquel que nos llamó por su propia gloria y excelencia, nos ha concedido todas las cosas que necesitamos para vivir como Dios manda. Así Dios nos ha entregado sus preciosas y magníficas promesas para que ustedes, luego de escapar de la corrupción que hay en el mundo debido a los malos deseos, lleguen a tener parte en la naturaleza divina.

2. Personalice

Su divino poder [...] nos ha concedido todas las cosas que necesitamos...

Cada palabra de esta frase es poderosa. Léala repetidas veces, enfatizando cada palabra, permitiendo que el énfasis empape su mente.

...al darnos el conocimiento de aquel que nos llamó por su propia gloria y excelencia...

¿Qué atributos de Dios hacen que él nos llame y nos dé todo lo que necesitamos?

...para vivir como Dios manda...

¿Por qué el poder divino de Dios nos ha dado todo lo que necesitamos? ¿Cuál es el resultado que él desea? ¿Qué significa en realidad la frase «como Dios manda»? ¿Lo describen a usted estos términos?

Así Dios nos ha entregado sus preciosas y magníficas promesas para que ustedes, luego de escapar de la corrupción que hay en el mundo debido a los malos deseos, lleguen a tener parte en la naturaleza divina.

¿Cómo se describen las promesas de Dios para usted? ¿Puede pensar en algunas promesas bíblicas que sean grandes y preciosas para usted? ¿Por qué le ha dado Dios esas promesas? ¿De qué manera puede usted participar «en la naturaleza divina»?

3. Practique

Este pasaje tiene algunas frases tremendas: su divino poder... su propia gloria y excelencia... todas las cosas que necesitamos... preciosas y magníficas promesas... luego de escapar de la corrupción que hay en el mundo... tener parte en la naturaleza divina... Encuentre una frase en estos versículos para reflexionar en ella todo este día, y vaya a dormir pensando en su importancia. ¿Cómo puede ser transformada su mentalidad por estos versículos?

_____

_____

_____

_____

_____

_____

_____

_____

_____

_____

_____

_____

_____

_____

_____

_____

_____

_____

_____

_____

_____

_____

_____

Guía de meditación para el capítulo 4

Lucas 2:17-19
[Para una meditación más completa, lea Lucas 2:1-20]

1. Reflexione

Cuando vieron al niño, contaron lo que les habían dicho acerca de él, y cuantos lo oyeron se asombraron de lo que los pastores decían. María, por su parte, guardaba todas estas cosas en su corazón y meditaba acerca de ellas.

2. Personalice

Cuando vieron al niño...

Esto se refiere a los pastores que se apresuraron a ir a Belén para ver al bebé Cristo. Muchas personas solo leen este pasaje en Navidad, pero pase algo de tiempo visualizándolo ahora: esa maravillosa noche, los campos de los pastores, la hueste angelical, la familia santa en el establo, el bebé en el pesebre.

...contaron lo que les habían dicho acerca de él...

Estos pastores no pudieron evitar contarles a todos lo que habían visto y oído. Imagine su emoción. Póngase en su lugar. ¿Cuándo fue la última vez que estuvo tan emocionado de «contar lo que le han dicho»?

...y cuantos lo oyeron se asombraron de lo que los pastores decían.

Enfóquese en esa palabra, «asombraron». Intente visualizar los rostros y las reacciones de la gente. ¿Qué es lo que más le asombra hoy acerca del Señor Jesucristo?

María, por su parte, guardaba todas estas cosas en su corazón y meditaba acerca de ellas.

Use su imaginación para formarse una imagen mental de María. ¿Qué significa «guardar» algo? ¿Cómo meditamos en las cosas? ¿De qué manera es esta una descripción del proceso de meditación? ¿Qué verdades de la Palabra de Dios está usted guardando y meditando hoy?

3. Practique

Piense en las cosas que atesora más. A medida que avanza el resto del día, use esa palabra «guardar» para cultivar una sensación de la riqueza que tiene en las bendiciones que descendieron desde el cielo con el niño Jesús. Agradézcale a Dios por estos tesoros, uno por uno. Permita que este sea un día de asombro y acción de gracias. Viva con el entusiasmo por Jesús todo el día.

_____

_____

_____

_____

_____

_____

_____

_____

_____

_____

_____

_____

_____

_____

_____

_____

_____

_____

_____

_____

_____

_____

_____

_____

_____

_____

_____

_____

_____

_____

_____

_____

_____

_____

Guía de meditación para el capítulo 5

Jeremías 15:15-16
[Para una meditación más completa, lea Jeremías 15:10-21]

1. Reflexione

> *Tú comprendes, Señor; ¡acuérdate de mí, y cuídame! ¡Toma venganza de los que me persiguen! Por causa de tu paciencia, no permitas que sea yo arrebatado; mira que por ti sufro injurias. Al encontrarme con tus palabras, yo las devoraba; ellas eran mi gozo y la alegría de mi corazón, porque yo llevo tu nombre, Señor Dios Todopoderoso.*

2. Personalice

> *Tú comprendes, Señor...*

Permita que estas tres palabras saturen su alma. Piense en sus luchas presentes. Convierta estas tres palabras en una oración personal. ¿Qué es lo que Dios comprende de sus circunstancias? ¿Entiende él la situación mejor que usted?

> *...¡acuérdate de mí, y cuídame!*

Dado que el Señor comprende, puede pedirle que se acuerde de usted y lo cuide: «¡Cuídame!».

> *¡Toma venganza de los que me persiguen! Por causa de tu paciencia, no permitas que sea yo arrebatado; mira que por ti sufro injurias.*

¿Está siendo perseguido? ¿Alguien lo está presionando por su lealtad a Cristo? ¿O alguien le provoca ansiedad de alguna forma?

> *Al encontrarme con tus palabras, yo las devoraba...*

¿Qué significa devorar las palabras de Dios? ¿Puede pensar en otras ocasiones en que la Biblia compara el estudio de las Escrituras con comer? ¿Cómo se semeja la actividad física de comer alimento a la actividad espiritual de digerir las Escrituras? Si tuviera que escribir el menú de su dieta mental reciente —ya fuera comida chatarra o enriquecida— ¿cuál sería?

...ellas eran mi gozo y la alegría de mi corazón, porque yo llevo tu nombre, SEÑOR Dios Todopoderoso.

Piense en algunos versículos que recientemente han sido el gozo y la alegría de su corazón.

3. Practique

Jeremías conocía el poder de la meditación, y lo comparó a comer y digerir la Palabra de Dios. Esto le dio fuerza y sustento para resistir las presiones de su tiempo. Halle una frase o versículo aquí y rúmielo a medida que transcurre el día. Aprenda a devorar y digerir versículos bíblicos como una persona hambrienta devora y digiere una comida de cinco platos.

_____

_____

_____

_____

_____

_____

_____

_____

_____

_____

_____

_____

_____

_____

_____

_____

_____

_____

_____

_____

_____

_____

_____

_____

_____

_____

_____

Recuperemos el arte perdido de la meditación bíblica

Guía de meditación para el capítulo 6

Filipenses 4:8
[Para una meditación más completa, lea Filipenses 4:3-9]

1. Reflexione

Por último, hermanos, consideren bien todo lo verdadero, todo lo respetable, todo lo justo, todo lo puro, todo lo amable, todo lo digno de admiración, en fin, todo lo que sea excelente o merezca elogio.

2. Personalice

Por último, hermanos, consideren bien...

Cuando un orador o escritor usa frases como «por último», ¿qué dice eso del asunto que está por tratar?

...todo lo verdadero...

Observe que durante todo el versículo el escritor, el apóstol Pablo, nos da un conjunto de criterios en cuanto a las cosas en las que debemos pensar. Debemos pensar en cosas que son verdaderas. Si su mente se preocupa por lo verdadero, ¿en qué pensará?

...todo lo respetable...

¿Qué le trae a la mente esta palabra? ¿Qué significa ser respetable? Si estamos pensando en cosas que son respetables, ¿cuáles serían?

...todo lo justo...

Algunas cosas son justas y debemos pensar en ellas, y algunas no. ¿Está usted albergando ciertos pensamientos injustos? ¿Cómo puede reemplazarlos por pensamientos justos?

...todo lo puro, todo lo amable, todo lo digno de admiración, en fin, todo lo que sea excelente o merezca elogio.

Considere estas palabras una a la vez. ¿Podría alguien usar esas palabras para describirlo? ¿Qué tal acerca de sus pensamientos?

3. Practique

El verso llega al corazón de la meditación bíblica. Las palabras que Pablo eligió son una descripción perfecta de nuestro Señor y su Palabra. Lleve este versículo con usted este día, considerando los criterios que deben determinar aquello en lo que piensa hoy.

_____

_____

_____

_____

_____

_____

_____

_____

_____

_____

_____

_____

_____

_____

_____

_____

_____

_____

_____

_____

_____

_____

_____

_____

_____

_____

_____

_____

_____

_____

_____

_____

_____

Guía de meditación para el capítulo 7

Salmos 143:8
[Para una meditación más completa, lea Salmos 143]

1. Reflexione

   Por la mañana hazme saber de tu gran amor, porque en ti he puesto mi confianza. Señálame el camino que debo seguir, porque a ti elevo mi alma.

2. Personalice

   Por la mañana...

   ¿Por qué el salmista quiere saber del gran amor de Dios por la mañana? ¿Qué tiene de especial la mañana?

   ...hazme saber de tu gran amor...

   El autor no dice: «Hazme sentir...» o «Dame una impresión...». ¿Cuál es el significado de la palabra «amor»? ¿Qué significa la palabra «gran»? ¿Cuántas personas o circunstancias pueden describirse así? ¿Puede pensar en versículos de la Biblia que describan el amor de Dios por usted?

   ...porque en ti he puesto mi confianza.

   Observe la palabra «porque». Eso indica que nuestra confianza en Dios allana el camino para que el Señor nos haga saber de su gran amor. Intente expresar este versículo con sus propias palabras, lo cual es una gran técnica de meditación. Por ejemplo, puede decir: «Dado que estoy confiando en ti, asegúrate de que no me pierda mis recordatorios matutinos de tu amor diario que nunca me decepcionará».

Señálame el camino que debo seguir, porque a ti elevo mi alma.

Haga esta oración específica: «Muéstrame el camino por el que debo andar en lo que respecta a las decisiones que tengo frente a mí, en este dilema, en este problema, en esta situación...». El salmista basa su oración en que le confía su vida al Señor. Piense en este enunciado. Si le confiamos nuestra vida al Señor, podemos confiar en que él nos ayudará con nuestras decisiones diarias, especialmente cuando recordamos su gran amor cada mañana.

3. Practique

Este es un versículo corto, y probablemente pueda memorizarlo más rápido de lo que piensa. ¡Qué gran versículo para ofrecerlo como una oración al despertar! Ya sea que lo memorice o no, repítaselo a usted mismo en voz alta cada mañana durante los próximos días. Permita que el ánimo que le brinda ilumine su día.

_____

_____

_____

_____

_____

_____

_____

_____

_____

_____

_____

_____

_____

_____

_____

_____

_____

_____

_____

_____

_____

_____

_____

_____

_____

_____

_____

_____

_____

_____

_____

_____

_____

_____

_____

_____

_____

_____

_____

_____

_____

_____

_____

_____

_____

_____

_____

_____

_____

Guía de meditación para el capítulo 8

Josué 1:8-9
[Para una meditación más completa, lea Josué 1:1-9]

1. Reflexione

Recita siempre el libro de la ley y medita en él de día y de noche; cumple con cuidado todo lo que en él está escrito. Así prosperarás y tendrás éxito. Ya te lo he ordenado: ¡Sé fuerte y valiente! ¡No tengas miedo ni te desanimes! Porque el SEÑOR tu Dios te acompañará dondequiera que vayas.

2. Personalice

Recita siempre el libro de la ley...

¿Está la Palabra de Dios siempre en su boca? ¿Qué significa eso y cómo puede usted cumplir este mandamiento más plenamente?

...y medita en él de día y de noche; cumple con cuidado todo lo que en él está escrito.

Este es un pasaje clave acerca de la meditación. Basándose en este versículo, pregúntese: «¿En qué debo estar meditando? ¿Cuán a menudo debo meditar? ¿Cuál debería ser el resultado de mi práctica personal de la meditación?».

Así prosperarás y tendrás éxito.

¿Qué significan los términos «prosperar» y «tener éxito» desde el punto de vista de Dios? Si desde su perspectiva soy próspero y exitoso, ¿cómo seré o me veré?

Ya te lo he ordenado: ¡Sé fuerte y valiente! ¡No tengas miedo ni te desanimes! Porque el SEÑOR tu Dios te acompañará dondequiera que vayas.

Enfóquese en cada una de estas cortas frases como si el Señor estuviera sentado junto a usted, diciéndole cada palabra lentamente y con énfasis. ¿Qué frase necesita más hoy? No pase por alto la palabra «ordenado». Eso indica que no son sugerencias. Estas son las actitudes que Dios nos ordena mostrar en nuestra vida.

3. Practique

El primer párrafo del libro de Josué está lleno de ánimo. Moisés había muerto, y estas eran las palabras de Dios para animar a Josué al asumir el liderazgo de los israelitas y prepararse para guiarlos hacia la tierra prometida. Los versículos 8 y 9 son especialmente ricos. ¿Qué frase de este pasaje necesita recordar todo el día?

_____

_____

_____

_____

_____

_____

_____

_____

_____

_____

_____

_____

_____

_____

_____

_____

_____

_____

_____

_____

_____

_____

_____

_____

Guía de meditación para el capítulo 9

2 Timoteo 3:16-17
[Para una meditación más completa, lea 2 Timoteo 3:10—4:5]

I. Reflexione

Toda la Escritura es inspirada por Dios y útil para enseñar, para reprender, para corregir y para instruir en la justicia, a fin de que el siervo de Dios esté enteramente capacitado para toda buena obra.

2. Personalice

Toda la Escritura...

Revise mentalmente cada libro de la Biblia en el que pueda pensar y cada texto conocido. Piense en libros de la Biblia que nunca o rara vez ha leído. ¿Cuál es el significado de la palabra «toda»?

...es inspirada por Dios...

Considere el significado de esto. Piense en la relación entre inspirar y hablar. ¿Es posible hablar sin exhalar aire? Maravíllese ante el genio creativo de Dios, quien creó nuestros pulmones, lengua, cuerdas vocales y patrones del habla. Ahora visualice a Dios exhalando su Palabra.

...y útil para enseñar, para reprender, para corregir y para instruir en la justicia...

Piense en la relación entre los cuatro impactos de las Escrituras listados aquí. ¿Por qué están listados en ese orden? ¿Cómo uno lleva al siguiente?

...a fin de que el siervo de Dios esté enteramente capacitado para toda buena obra.

¿Por qué Dios nos ha dado su palabra inspirada? Si cada palabra proviene de Dios, ¿significa esto que cada palabra puede llevar a ese resultado? Piense en el adverbio «enteramente». Piense en la palabra «capacitado». ¿Qué significa estar capacitado? ¿Por qué Dios quiere que estemos enteramente capacitados, y qué sucede si no lo estamos?

3. Practique

Este es uno de los pasajes clave de la Biblia acerca de la inspiración y la autoridad de las Escrituras. Observe aquellas palabras inclusivas: Toda... enteramente... toda... Si se familiariza con este versículo y su contexto, su apreciación por la memorización y la meditación de las Escrituras crecerá. Si este versículo es verdad —como lo es— debe ser determinante en cuanto a la manera en que interactuamos con las Escrituras. ¿Cómo puede usted pasar al siguiente nivel en la recuperación del arte perdido de la meditación bíblica?

_____

_____

_____

_____

_____

_____

_____

_____

_____

_____

_____

_____

_____

_____

_____

_____

_____

_____

_____

_____

_____

_____

_____

_____

_____

_____

_____

_____

_____

_____

_____

_____

Guía de meditación para la conclusión

Efesios 1:3
[Para una meditación más completa, lea Efesios 1:1-14]

1. Reflexione

Alabado sea Dios, Padre de nuestro Señor Jesucristo, que nos ha bendecido en las regiones celestiales con toda bendición espiritual en Cristo.

2. Personalice

Alabado...

Es fácil determinar el tema inicial del libro de Efesios. El autor, Pablo, comienza el cuerpo de su carta con esta palabra: «Alabado». Antes de seguir con este versículo y saber por qué Pablo estaba alabando a Dios, pase algún tiempo alabándolo usted mismo. Piense en sus cualidades, su vastedad, su bondad. Piense en sus bendiciones, sus oraciones contestadas. Piense en himnos o canciones orientadas a la alabanza.

...sea Dios, Padre de nuestro Señor Jesucristo...

Este versículo se refiere a Dios el Padre y Dios el Hijo. Más adelante en el capítulo 1, Pablo se regocijará en Dios el Espíritu Santo (versículo 13). Considerar a la Trinidad es sobrecogedor, pero también estimulante. Piense en el misterio de un Dios que eternamente mora en tres personas: Padre, Hijo y Espíritu Santo. ¿Qué significa cada una de las personas de la deidad para usted?

...que nos ha bendecido...

Piense en aquellos que representan el «nos» en su vida. ¿Cómo lo ha bendecido Dios a usted y a los suyos? Ahora, repita este versículo en voz alta y reemplace «nos» por «me». Hágalo personal. Conviértalo en su oración. «¡Alabado sea Dios, Padre de nuestro Señor Jesucristo, que me ha bendecido!». ¿Cómo lo ha bendecido? Intente pensar en cosas por las cuales nunca antes le ha dado gracias a Dios. ¿Hay bendiciones que usted nunca convirtió en motivos de acción de gracias?

...en las regiones celestiales con toda bendición espiritual en Cristo.

Intente visualizar esto. Si tiene tiempo, lea los primeros capítulos de Efesios para ver cómo Pablo usó las frases «lugares celestiales» y «en Cristo».

3. Practique

Capture la exuberancia de este versículo y permita que su entusiasmo marque el termostato de sus emociones hoy. ¿Cómo pueden su personalidad y su mentalidad ser aguzadas hoy si mantiene este versículo al frente de sus pensamientos en cada momento de este día?

_____

_____

_____

_____

_____

_____

_____

ESCRITURAS EN LAS CUALES

MEDITAR

Deuteronomio 7:9

Reconoce, por tanto, que el SEÑOR tu Dios es el Dios verdadero, el Dios fiel, que cumple su pacto generación tras generación, y muestra su fiel amor a quienes lo aman y obedecen sus mandamientos.

Josué 1:9

«Ya te lo he ordenado: ¡Sé fuerte y valiente! ¡No tengas miedo ni te desanimes! Porque el SEÑOR tu Dios te acompañará dondequiera que vayas».

2 Samuel 22:2-3

El SEÑOR es mi roca, mi amparo, mi libertador;
    es mi Dios, el peñasco en que me refugio.
Es mi escudo, el poder que me salva,
    ¡mi más alto escondite!
Él es mi protector y mi salvador.
    ¡Tú me salvaste de la violencia!

Salmos 18:2

El Señor es mi roca, mi amparo, mi libertador;
　　es mi Dios, el peñasco en que me refugio.
Es mi escudo, el poder que me salva,
　　¡mi más alto escondite!

Salmos 25:4-5

Señor, hazme conocer tus caminos;
　　muéstrame tus sendas.
Encamíname en tu verdad, ¡enséñame!
　　Tú eres mi Dios y Salvador;
　　¡en ti pongo mi esperanza todo el día!

Salmos 27:1

El Señor es mi luz y mi salvación;
　　¿a quién temeré?
El Señor es el baluarte de mi vida;
　　¿quién podrá amedrentarme?

Salmos 51:10-12

Crea en mí, oh Dios, un corazón limpio,
　　y renueva la firmeza de mi espíritu.
No me alejes de tu presencia
　　ni me quites tu santo Espíritu.

Devuélveme la alegría de tu salvación;
    que un espíritu obediente me sostenga.

Proverbios 3:3-4

Que nunca te abandonen el amor y la verdad:
    llévalos siempre alrededor de tu cuello
    y escríbelos en el libro de tu corazón.
Contarás con el favor de Dios
    y tendrás buena fama entre la gente.

Proverbios 3:5-6

Confía en el SEÑOR de todo corazón,
    y no en tu propia inteligencia.
Reconócelo en todos tus caminos,
    y él allanará tus sendas.

Isaías 12:2

¡Dios es mi salvación!
    Confiaré en él y no temeré.
El SEÑOR es mi fuerza,
    el SEÑOR es mi canción;
    ¡él es mi salvación!

Isaías 41:10

«Así que no temas, porque yo estoy contigo;
    no te angusties, porque yo soy tu Dios.
Te fortaleceré y te ayudaré;
    te sostendré con mi diestra victoriosa».

Jeremías 6:16

«Deténganse en los caminos y miren;
    pregunten por los senderos antiguos.
Pregunten por el buen camino,
    y no se aparten de él.
Así hallarán el descanso anhelado».

Sofonías 3:17

«El Señor tu Dios está en medio de ti
    como guerrero victorioso.
Se deleitará en ti con gozo,
    te renovará con su amor,
    se alegrará por ti con cantos».

Mateo 6:19-21

«No acumulen para sí tesoros en la tierra, donde la polilla y el óxido destruyen, y donde los ladrones se meten a robar. Más bien, acumulen para sí tesoros en el cielo, donde ni la polilla ni el óxido carcomen, ni los ladrones se meten a robar. Porque donde esté tu tesoro, allí estará también tu corazón».

Mateo 6:31-34

«Así que no se preocupen diciendo: "¿Qué comeremos?" o "¿Qué beberemos?" o "¿Con qué nos vestiremos?". Los paganos andan tras todas estas cosas, pero el Padre celestial sabe que ustedes las necesitan. Más bien, busquen primeramente el reino de Dios y su justicia, y todas estas cosas les serán añadidas. Por lo tanto, no se angustien por el mañana, el cual tendrá sus propios afanes. Cada día tiene ya sus problemas».

Mateo 28:18-20

Jesús se acercó entonces a ellos y les dijo:

—Se me ha dado toda autoridad en el cielo y en la tierra. Por tanto, vayan y hagan discípulos de todas las naciones, bautizándolos en el nombre del Padre y del Hijo y del Espíritu Santo, enseñándoles a obedecer todo lo que les he mandado a ustedes. Y les aseguro que estaré con ustedes siempre, hasta el fin del mundo.

Juan 14:27

«La paz les dejo; mi paz les doy. Yo no se la doy a ustedes como la da el mundo. No se angustien ni se acobarden».

Romanos 12:1-2

Por lo tanto, hermanos, tomando en cuenta la misericordia de Dios, les ruego que cada uno de ustedes, en adoración espiritual, ofrezca su cuerpo como sacrificio vivo, santo y agradable a Dios. No se amolden al mundo actual, sino sean transformados mediante la renovación de su mente. Así podrán comprobar cuál es la voluntad de Dios, buena, agradable y perfecta.

1 Corintios 10:13

Ustedes no han sufrido ninguna tentación que no sea común al género humano. Pero Dios es fiel, y no permitirá que ustedes sean tentados más allá de lo que puedan aguantar. Más bien, cuando llegue la tentación, él les dará también una salida a fin de que puedan resistir.

2 Corintios 12:9

Pero él me dijo: «Te basta con mi gracia, pues mi poder se perfecciona en la debilidad». Por lo tanto, gustosamente haré más bien alarde de mis debilidades, para que permanezca sobre mí el poder de Cristo.

Gálatas 2:20

He sido crucificado con Cristo, y ya no vivo yo, sino que Cristo vive en mí. Lo que ahora vivo en el cuerpo, lo vivo por la fe en el Hijo de Dios, quien me amó y dio su vida por mí.

Efesios 2:8-10

Porque por gracia ustedes han sido salvados mediante la fe; esto no procede de ustedes, sino que es el regalo de Dios, no por obras, para que nadie se jacte. Porque somos hechura de Dios, creados en Cristo Jesús para buenas obras, las cuales Dios dispuso de antemano a fin de que las pongamos en práctica.

Filipenses 4:6-7

No se inquieten por nada; más bien, en toda ocasión, con oración y ruego, presenten sus peticiones a Dios y denle gracias. Y la paz de Dios, que sobrepasa todo entendimiento, cuidará sus corazones y sus pensamientos en Cristo Jesús.

Filipenses 4:8

Por último, hermanos, consideren bien todo lo verdadero, todo lo respetable, todo lo justo, todo lo puro, todo lo amable, todo lo digno de admiración, en fin, todo lo que sea excelente o merezca elogio.

Colosenses 3:12-13

Por lo tanto, como escogidos de Dios, santos y amados, revístanse de afecto entrañable y de bondad, humildad, amabilidad y paciencia, de modo que se toleren unos a otros y se perdonen si alguno tiene queja contra otro. Así como el Señor los perdonó, perdonen también ustedes.

Hebreos 4:12

Ciertamente, la palabra de Dios es viva y poderosa, y más cortante que cualquier espada de dos filos. Penetra hasta lo más profundo del alma y del espíritu, hasta la médula de los huesos, y juzga los pensamientos y las intenciones del corazón.

Santiago 1:2-4

Hermanos míos, considérense muy dichosos cuando tengan que enfrentarse con diversas pruebas, pues ya saben que la prueba de su fe produce constancia. Y la constancia debe llevar a feliz término la obra, para que sean perfectos e íntegros, sin que les falte nada.

I Juan 3:16-18

En esto conocemos lo que es el amor: en que Jesucristo entregó su vida por nosotros. Así también nosotros debemos entregar la vida por nuestros hermanos. Si alguien que posee bienes materiales ve que su hermano está pasando necesidad, y no tiene compasión de él, ¿cómo se puede decir que el amor de Dios habita en él? Queridos hijos, no amemos de palabra ni de labios para afuera, sino con hechos y de verdad.

RECONOCIMIENTOS

Quiero agradecer a mis amigos en HarperCollins —Laura Minchew, Kristen Parrish, Michael Aulisio y a sus equipos— junto con mis agentes, Sealy y Matt Yates. También estoy muy agradecido con mis asociados en Clearly Media por su gran trabajo con mi ministerio en mis sitios web y mis redes sociales. Asimismo tengo una deuda de gratitud con mi asistente, Sherry Anderson, y con Casey Pontious por su ayuda en este proyecto.

Mi esposa Katrina, como siempre, leyó repetidamente los borradores de este libro, y sus comentarios llevaron a un mejor manuscrito.

NOTAS

Epígrafe

1. J. I. Packer, *El conocimiento del Dios santo* (Miami: Vida, 2006), p. 28.

Introducción

1. De los títulos y textos de la *Nueva Versión Internacional*.

2. Algunas de estas ideas generales provienen de asistir al Instituto Básico de Conflictos Juveniles en 1973, y estoy en deuda por el concepto de «memorizar, visualizar y personalizar» los versículos de las Escrituras y el concepto de la sabiduría como «ver la vida desde el punto de vista de Dios».

Capítulo 1: ¿Por qué es importante la meditación bíblica?

1. Sarah Bradford, *Harriet Tubman: The Moses of Her People* (Nueva York: Geo. R. Lockwood & Son, 1897), pp. 24-25. La cita ha sido editada para remover coloquialismos.

2. Kate B. Wilkinson, «May the Mind of Christ, My Savior», publicado en algún tiempo antes de 1913.

Capítulo 2: Meditación bíblica: Enfóquese en las maravillas de Dios y obtenga perspectiva

1. Jennifer Rothschild, *Lessons I Learned in the Dark: Steps to Walking by Faith, Not by Sight* (Colorado Springs: Multnomah Books, 2002), p. 51.

2. Solomon Ginsburg, *A Wandering Jew in Brazil* (Nashville: Sunday School Board, Southern Baptist Convention, 1922), pp. 169-70.

3. Charles Spurgeon, «Christ's Indwelling Word», un sermón predicado en el Tabernáculo Metropolitano, Newington, la noche del domingo, 10 de abril, 1881.

4. Thulia Susannah Henderson, *Daily Bible Teachings* (Londres: Knight and Son, 1859), p. 32.

Capítulo 3: Meditación bíblica: Véase a sí mismo como el Señor lo ve

1. https://nccih.nih.gov/research/statistics/NHIS/2012/mind-body / meditation.
2. David McCullough, *Truman* (Nueva York: Simon & Schuster, 1992), p. 623.
3. Fanny Crosby, «Redeemed, How I Love to Proclaim It», publicado en *Songs of Redeeming Love* (Filadelfia: 1882).
4. Samuel Clarke, *A Collection of the Sweet Assuring Promises of Scripture* (Nueva York: Lane & Scott, 1848), pp. 10-11.
5. Rosalind Goforth, *How I Know God Answers Prayer* (Nueva York: Harper & Brother Publishers, 1921), pp. 51-52, http://www.gutenberg.org/ files/26033/26033-h/26033-h.htm.
6. Barbara Hudson Powers, *The Henrietta Mears Story* (Old Tappan, NJ: Fleming H. Revell, 1957), pp. 61-62, http://ccel.us/mears.toc.html.

Capítulo 4: Meditación bíblica: Calme su espíritu y halle paz

1. Basado en una conversación personal y un intercambio de correo electrónico, usado con permiso.
2. Charles Stanley, *How to Listen to God* (Nashville: Thomas Nelson, 1985), p. 109 [*Cómo escuchar la voz de Dios* (Grupo Nelson, 1992)].
3. Billy Graham, *Just As I Am* (Nashville: HarperCollins Christian, 1997), p. 7 [*Tal como soy* (Miami: Vida, 1997)].
4. Maurice Pink, en una entrevista personal con el autor, 1 de enero de 2012. Usado con permiso.
5. Cuento esta historia en mi libro *The Lord Is My Shepherd* (Nashville: Howard Books, 2013), pp. xvii-xix.
6. Elmer Towns, *Praying the Lord's Prayer for Spiritual Breakthrough* (Minneapolis: Bethany House, 1997), pp. 30-31, ubicación en Kindle 395-405.
7. Bob Pittman, *Chosen: The Mission and Message of Frank Pollard* (Jackson, MS: Franklin Printers, Inc., 2002), p. 72.

Capítulo 5: Meditación bíblica: Ayuda para

comprender la Palabra de Dios

1. Ver, por ejemplo, Sean Macaulay, «Anthony Hopkins Interview», *Telegraph*, 31 enero 2011, en www.telegraph.co.uk/culture/film / starsandstories/8286801/Anthony-Hopkins-interview.html.

2. Matt Gardner, en una conversación personal con el autor. Usado con permiso.

3. David Saxton, *God's Battle Plan for the Mind* (Grand Rapids: Reformation Heritage Books, 2015), p. 61.

4. Sam Doherty, *A Life Worth Living* (Lisburn, Irlanda del Norte: Child Evangelism Fellowship, 2010), pp. 213-214.

5. Ruth Bell Graham, *It's My Turn* (Old Tappan, NJ: Fleming H. Revell, 1982), p. 37.

6. *A Primer on Meditation* (Colorado Springs: The Navigators, s.f.), p. 3.

7. James M. Gray, *How to Master the English Bible* (Edimburgo y Londres: Oliphant Anderson & Ferrier, 1907), p. 53.

8. Ed Reese, *The Life and Ministry of Jonathan Edwards* (Glenwood, IL: Fundamental Publishers, 1975), p. 12.

9. Atribuido a Bernard Barton, 1826.

Capítulo 6: Meditación bíblica: Obtenga información sobre la voluntad de Dios

1. Robert J. Morgan, *Las reglas del Mar Rojo* (Nashville, Grupo Nelson, 2014), p. xi.

Capítulo 7: Técnicas para una meditación efectiva

1. Samuel Logan Brengle, *The Soul Winner's Secret* (Londres: Salvation Army Publishing Department, 1903), p. 29.

2. Conté previamente esta historia en mi libro *Every Child, Every Nation, Every Day* (Warrenton, MO: CEF Press, 2015), pp. 59-60.

3. André Castelot, *Napoleon: A Biography by André Castelot* (Nueva York: Ishi Press, 2009), de notas en mis archivos.

4. Rosalind Goforth, *Climbing* (Wheaton, IL: Sword Book Club, 1946), pp. 16-17.

5. Stephen King, *On Writing* (Nueva York: Scribner, 2000), p. 203 [*Mientras escribo* (Barcelona: DeBolsillo, 2003)].

6. Clarence W. Hall, *Samuel Logan Brengle* (Atlanta: Salvation Army Supplies and Purchasing Department, 1933), pp. 182-184.

7. Leslie B. Flynn, *Your Inner You* (Wheaton, IL: Victor Books, 1984), p. 47.

Capítulo 8: Halle el éxito de Dios a la manera de Dios

1. J. I. Packer, *El conocimiento del Dios santo* (Miami: Vida, 2006), p. 28.

2. David Saxton, *God's Battle Plan for the Mind* (Grand Rapids: Reformation Heritage Books, 2015), p. 7.

3. Esta historia se relata, entre otros lugares, en D. C. Gonzalez, *El arte del entrenamiento mental* (GonzoLane Media, 2013), pp. 28-29, y Gary Mack y David Casstevens, *Mind Gym* (McGraw-Hill, 2002), pp. 15-16.

Capítulo 9: Guarde la palabra de Dios en su corazón al memorizar las Escrituras

1. Chaplain Barry Black, «Something to Hold On To», un sermón predicado en el Hotel Mandarin Oriental de Washington, D. C., el 9 de abril de 2016, de mis notas.

2. William Manchester y Paul Reid, *The Last Lion: Winston Spencer Churchill: Defender of the Realm*, 1940-1965 (Nueva York: Bantam Books, 2013), p. 185.

Conclusión

1. Dr. Roy King, en conversaciones y correspondencia con el autor. Usado con permiso.